Schau Graz! 426

Standpunkte zur Situation der Stadt

Herausgegeben von Otto Hochreiter
und Sibylle Dienesch
mit Fotografien von Franziska Schurig

VERLAG ANTON PUSTET

I. Innere Stadt Jakominiplatz

I. Innere Stadt Kaiser-Josef-Platz/Oper

I. Innere Stadt Karmeliterplatz

I. Innere Stadt Schloßbergbahn

II. St. Leonhard Rechbauerstraße

II. St. Leonhard Schillerplatz

II. St. Leonhard   Schulzentrum St. Peter

II. St. Leonhard Tegetthoffplatz

II. St. Leonhard Uni/Beethovenstraße

II. St. Leonhard Waltendorfer Hauptstraße

III. Geidorf Attemsgasse

III. Geidorf Hilmteich / Botanischer Garten

III. Geidorf Kettengasse

»Ich könnte dir sagen, wie viele Stufen die treppenförmigen Straßen haben, welche Wölbung die Bögen der Arkaden, mit was für Zinkplatten die Dächer gedeckt sind; aber ich weiß schon, daß es so wäre, als würde ich dir nichts sagen. Nicht daraus besteht die Stadt, sondern aus Beziehungen zwischen den Maßen ihres Raumes und den Ereignissen ihrer Vergangenheit.«

Italo Calvino:
Die unsichtbaren Städte, Die Städte und die Erinnerung 3

III. Geidorf Lenaugasse

III. Geidorf Maut Andritz

III. Geidorf   Panoramagasse

III. Geidorf Robert-Stolz-Gasse

III. Geidorf Rosenberg

III. Geidorf Rosenhaingasse

III. Geidorf Uni/Mensa

III. Geidorf   Wirtschaftskammer

III. Geidorf Wormgasse

IV. Lend Alte Poststraße

IV. Lend Dreierschützengasse/Helmut-List-Halle

IV. Lend Erlengasse

IV. Lend Esperantoplatz/Arbeiterkammer

IV. Lend Georgigasse

IV Lend Hauptbahnhof

»Dies festgestellt, ist es müßig zu klären, ob Zenobia zu den glücklichen oder den unglücklichen Städten gezählt werden muß. Nicht in diese zwei Arten ist es sinnvoll, die Städte einzuteilen, sondern in zwei andere: in jene, die über die Jahre und die Veränderungen hin fortfahren, den Wünschen ihre Form zu geben, und jene, in denen es den Wünschen entweder gelingt, die Stadt auszulöschen, oder sie von ihr ausgelöscht werden.«

Italo Calvino:
Die unsichtbaren Städte, Die fragilen Städte 2

IV. Lend Kalvariengürtel

IV. Lend Lastenstraße

IV. Lend Laudongasse

IV. Lend Lendplatz

IV. Lend Resselgasse

IV. Lend Südtiroler Platz/Kunsthaus

V. Gries Bad zur Sonne

V. Gries Don Bosco Bahnhof

V. Gries Elisabethinergasse

V. Gries Gürtelturmplatz

V. Gries Karlauer Gürtel

V. Gries Steinfeldfriedhof

V. Gries Vinzenz-Muchitsch-Straße

VI. Jakomini   Fröhlichgasse/Messe

VI. Jakomini Grazbachgasse

»Es ist mit den Städten wie mit den Träumen: Alles Vorstellbare kann geträumt werden, aber auch der unerwartetste Traum ist ein Bilderrätsel, das einen Wunsch verbirgt oder seine Umkehrung, eine Angst. Städte wie Träume sind aus Wünschen und Ängsten geformt, auch wenn der Faden ihres Diskurses geheim ist, ihre Regeln absurd, ihre Perspektiven täuschend sind und jedes Ding etwas anderes verbirgt.«

Italo Calvino:
Die unsichtbaren Städte, III. Kapitel

VI. Jakomini Jauerburggasse

VI. Jakomini Josefkirche

VI. Jakomini Moserhofgasse

VI. Jakomini Museum der Wahrnehmung

VI. Jakomini Neufeldweg

VI. Jakomini Ostbahnhof

VI. Jakomini Steyrergasse

VII. Liebenau Andersengasse

VII. Liebenau   Hutteggerstraße

VII. Liebenau Liebenau Postamt

VII. Liebenau   Neusiedlergasse

VII. Liebenau P+R Murpark

VII. Liebenau Puntigamer Straße

VII. Liebenau   Theyergasse

VII. Liebenau Thondorf

VII. Liebenau Volksschule Murfeld

VIII. St. Peter Einödhofweg

VIII. St. Peter Hans-Brandstetter-Gasse

VIII. St. Peter Hubertusstraße

VIII. St. Peter Köglerweg

VIII. St. Peter Maggstraße

VIII. St. Peter Novalisgasse

VIII. St. Peter ORF-Zentrum

VIII. St. Peter Petersbergenstraße 194

»*In Chloe, einer großen Stadt, kennen die Menschen, die auf den Straßen gehen, einander nicht. Wenn sie sich sehen, stellen sie sich tausend Dinge voneinander vor: Begegnungen, die es zwischen ihnen geben könnte, Gespräche, Überraschungen, Liebkosungen, Bisse. Doch niemand grüßt irgendwen, die Blicke kreuzen sich eine Sekunde und weichen dann aus, suchen andere Blicke, bleiben nicht stehen.*«

Italo Calvino:
Die unsichtbaren Städte, Die Städte und der Tausch 2

VIII. St. Peter   Petersbergenstraße

VIII. St. Peter Scheigergasse

VIII. St. Peter Schmiedlstraße

VIII. St. Peter   Terrassenhaussiedlung

VIII. St. Peter Thomas-Arbeiter-Gasse

IX. Waltendorf   Eisteichgasse

IX. Waltendorf Kaiserwirt

IX. Waltendorf Kapelle

IX. Waltendorf Landhaus Jöbstl

IX. Waltendorf Nernstgasse

IX. Waltendorf Prevenhueberweg

IX. Waltendorf · Ruckerhof

IX. Waltendorf Rudolfstraße 205

IX. Waltendorf Savenauweg

X. Ries Berliner Ring

X. Ries Berthold-Linder-Weg

X. Ries Billrothgasse

X. Ries Landwirtschaftsschule

X. Ries LKH Med Uni / Klinikum Nord

X. Ries Mosconweg

X. Ries Schmied König

X. Ries St. Leonhard / Klinikum Mitte

XI. Mariatrost Mariagrün

XI. Mariatrost_Mariatrost

XI. Mariatrost Pensionsweg

XI. Mariatrost Schönbrunngasse

»Wenn ich dir also Aglaura beschreiben wollte, indem ich mich an das hielte, was ich persönlich gesehen und erlebt habe, müßte ich sagen, es ist eine farblose Stadt, ohne Charakter, aufs Geratewohl errichtet, wie's gerade kommt. Aber auch dies wäre nicht wahr: Zu manchen Stunden, in bestimmten Straßenabschnitten, siehst du die Ahnung von etwas Unverwechselbarem, Seltenem, womöglich Großartigem vor dir aufgehen.«

Italo Calvino:
Die unsichtbaren Städte, Die Städte und der Name 1

XII. Andritz Am Andritzbach

XII. Andritz Am Arlandgrund

XII. Andritz Andritz

XII. Andritz Gasthaus Heimkehrer

XII. Andritz Grazer Straße

XII. Andritz Maschinenfabrik Andritz

XII. Andritz Oberandritz

XII. Andritz Pedrettogasse

XII. Andritz Popelkaring

XII. Andritz Scherwirt

XII. Andritz   Viktor-Zack-Weg

XII. Andritz Ziegelstraße

XIII. Gösting Annakirche

XIII. Gösting Anton-Kleinoscheg-Straße

XIII. Gösting Gösting

XIII. Gösting Hinterbrühl

XIII. Gösting   Negrelligasse

XIII. Gösting Schippingerstraße

XIII. Gösting Zanklstraße

XIV Eggenberg Bauernfeldstraße

XIV. Eggenberg Blümelstraße

XIV. Eggenberg Fachhochschule Joanneum

XIV. Eggenberg Franz-Pratter-Straße

XIV. Eggenberg Göstinger Straße/UKH

»Auch durch Raissa, die traurige Stadt, zieht sich ein unsichtbarer Faden, der für einen Augenblick ein Lebewesen mit einem anderen verbindet, dann zerfällt und sich erneut zwischen bewegten Punkten spannt, um rasch neue Figuren zu zeichnen, so daß die unglückliche Stadt in jeder Sekunde eine glückliche Stadt in sich birgt, die gar nicht weiß, daß sie existiert.«

Italo Calvino:
Die unsichtbaren Städte, Die verborgenen Städte 2

XIV. Eggenberg · Schloss Eggenberg

XIV. Eggenberg Seidenhofstraße

XIV. Eggenberg Tyroltgasse

XIV. Eggenberg Vinzenzgasse

XIV. Eggenberg Wetzelsdorf

XV. Wetzelsdorf Abstallerstraße

XV. Wetzelsdorf   Don Bosco/Harter Straße

XV. Wetzelsdorf Grazerfeldstraße

XV. Wetzelsdorf Grottenhof

XV. Wetzelsdorf Grottenhofstraße

XV. Wetzelsdorf Josef-Kienzl-Weg

XV. Wetzelsdorf Kienzlkreuz

XV. Wetzelsdorf   Wachtelgasse

XVI. Straßgang Ankerstraße

XVI. Straßgang Bad Straßgang

»Fragst du die Leute, denen du begegnest:
›Wo geht's nach Penthesilea?‹, deuten sie weit in
die Runde, und du weißt nicht, ob das ›Hier‹ oder
›Weiter drüben‹ oder ›Alles ringsum‹ oder sogar
›In der entgegengesetzten Richtung‹ heißen soll.
›Ich meine die Stadt?‹ insistierst du. ›Wir kommen
hier jeden Morgen zum Arbeiten her‹, antworten
die einen, und andere: ›Wir kommen jeden Abend
hierher zum Schlafen zurück.‹ ›Aber die Stadt,
wo die Leute leben?‹ fragst du. ›Die muß dort sein‹,
sagen sie[.]«

Italo Calvino:
Die unsichtbaren Städte, Die fortdauernden Städte 5

XVI. Straßgang Gradnerstraße/Straßgang

XVI. Straßgang Grillweg

XVI. Straßgang Kapellenwirt

XVI. Straßgang Straßgang-Zentrum

XVI. Straßgang Stregengasse

XVI. Straßgang   Trattfelderstraße

XVI. Straßgang Webling

XVII. Puntigam   Auer-Welsbach-Gasse

XVII. Puntigam   Gmeinstraße

XVII. Puntigam   Gradnerstraße

XVII. Puntigam Hafnerstraße

XVII. Puntigam Mitterlingweg

XVII. Puntigam   Murfelder Straße

XVII. Puntigam   Plachelhofstraße

XVII. Puntigam Puntigam Bahnhof

XVII. Puntigam Zentrum Puntigam

Textteil

Stadtauslegungen
Otto Hochreiter, Sibylle Dienesch

Mit der GrazMuseums-Ausstellung und diesem Katalogbuch „Schau Graz!" soll versucht werden, den sehr konkreten disparaten gegenwärtigen Istzustand von Graz als gesellschaftlich gewordenen Stadtraum in 426 Fotografien zu beschreiben, die von allen im Stadtgebiet befindlichen Bus- und Straßenbahnhaltestellen aus aufgenommen wurden. Die Aufgabe der Fotografin Franziska Schurig bestand darin, möglichst lakonische, neutral-dokumentarische Aufnahmen ohne „interessante" Perspektiven, ironische „Pointen" und „kritische" Kontextuierungen einer quasi *photographie parlande* zu erstellen.

Damit wird die Basis gelegt für eine theoretisch fundierte „Auslegung" dieses repräsentativen Bilder-Samples über den aktuellen Zustand der Stadt. Durch das ruhige Lesen der in den Fotografien stillgestellten Stadträume sollten die historischen, kulturellen, ökologischen, symbolischen, ökonomischen und sozialen Bedeutungsebenen/Tiefenschichten der Stadt Graz ein wenig zutage treten. Die Museumsbesucher/-innen sollen sich bei dem, was sie durch die stadttopografischen Fotografien von „Schau Graz!" vorgeführt bekommen, auch einen Begriff machen können von den vielfältigen, real wirkenden Kräften, welche die Stadt „gestalten" und verwandeln, einen Begriff von den komplexen Strukturen, Problemlagen und „moralischen Ordnungen" einer europäischen und zugleich posteuropäischen Stadt wie Graz.

Sowohl der Ausstellung als auch dem Katalog liegt ein prozesshafter Arbeitsansatz zugrunde, an dessen Anfang alle 426 Fotografien auf einem ca. 200 m² großen Stadtplan entlang der entsprechenden Bus- und Straßenbahnlinien geografisch richtig ausgelegt wurden. Expertinnen und Experten sollten sich anhand der Fotografien mit dem aktuellen Zustand der Stadt aus städtebaulicher, kultur- bzw. raumanthropologischer und stadtsoziologischer Sicht auseinandersetzen. In diesem „Stadtauslegungs"-Workshop im Angesicht der ausgelegten 426 Fotos wurde moniert, dass in Graz eine typisch steirische antiurbane Grundhaltung vorherrsche, nachdem die großstädtischen Utopien in den Jahrzehnten nach der Monarchie verloren gegangen seien. Viel war die Rede vom Kontrast zwischen dem Stadtkern mit seinem unglaublichen baugeschichtlichen Erbe und der gründerzeitlichen Bebauung einerseits und dem Mangel an gestalterischen Absichten in den (westlichen) Außenbezirken andererseits; die Stadt würde nach der Blockrandbebauung buchstäblich abbrechen und in vielen Gegenden der Stadt eine zusammenhängende Bebauung im Sinne eines geschlossenen Stadtbildes völlig fehlen. Die im Workshop ausgelegten Fotos würden die Vermutung verstärken, dass Graz eine extreme Ausformung der „autogerechten Stadt" sei und damit in weiten Teilen über wenig Aufenthaltsqualität verfüge. Dabei wurde die Frage der Gerechtigkeit zwischen den Verkehrsteilnehmerinnen und -teilnehmern, die mit Auto, Rad oder zu Fuß unterwegs sind, breit diskutiert und die damit verbundene, auf den Autoverkehr gemünzte neue Maßstäblichkeit. Insgesamt entstand im „Stadtauslegungs"-Workshop der Eindruck, dass weniger Gemeinwohlinteressen, sondern vielmehr Partikularinteressen (der Investorinnen und Investoren) die städtische Baupolitik bestimmen würden, obwohl es in den 1960er- und 1970er-Jahren gewichtige Bürger/-inneninitiativen zum Grazer Stadtbild gegeben hat, die viel bewegt hatten.

An der Wahl der fotografischen Standpunkte und der damit verbundenen Bildmotive wurde kritisch angemerkt, dass die Methode nur einen bestimmten, schmalen Ausschnitt der Stadt zeige und dass in den Köpfen der Menschen ein anderes Bild der Stadt sei, als auf den Fotos zu sehen ist. Würden die Betrachter/-innen anhand dieses Blicks auf die Stadt bereit sein, sich mit der Stadt auseinanderzusetzen, ein Bewusstsein für den hohen Wert, den öffentlicher Raum haben kann, zu entwickeln? Wäre es überhaupt möglich, über die eigene Raumnutzung und das Zusammenleben mit anderen nachzudenken, wenn die Fotografien kaum Menschen zeigen und Stadträume, die oft nicht zum Verweilen einladen? Auch haben die Expertinnen und Experten auf den Widerspruch zwischen in den Fotografien sichtbar werdenden teils unästhetischen gebauten und räumlichen Strukturen und der gleichzeitig hohen Zufriedenheit in der Bevölkerung der Stadt, die durch verschiedenste Lebensqualitätsstudien immer wieder bestätigt wird, hingewiesen.

Ausgehend von der Diskussion im Workshop, dass man den Betrachtenden eine Möglichkeit der Identifikation mit der Stadt geben solle, zeigen Ausstellung und Katalog die Fotografien nun geordnet nach Bezirken. Dies ermöglicht eine Orientierung und eine Verknüpfung mit dem eigenen Alltagsleben. Die Anordnung erlaubt es, Stadträume in Bezirken miteinander in Beziehung zu setzen und herauszufinden, welche Gemeinsamkeiten Bezirke haben, wie sich das Leben im Bezirk im Vergleich zu den Fotos anfühlt und was einen lebenswerten Stadtraum ausmacht. Die Ausstellung lädt darüber hinaus mittels gezielter Fragen ein, sich einen Begriff zu machen von den vielfältigen, real wirkenden Kräften, komplexen Strukturen und Problemlagen, welche die Stadt gestalten und verwandeln. Leerstellen zwischen den Fotografien bieten Raum für Rückmeldungen, die am Ende der Ausstellung in einem offenen Forum von Expertinnen und Experten sowie Besucherinnen und Besuchern diskutiert und vertiefend bearbeitet werden.

Basis für dieses offene Forum könnte auch der Textteil dieses Katalogbuches sein, in dem, wie schon beim Workshop Ende letzten Jahres, unterschiedliche Positionen und Perspektiven zum Stadtraum Graz aufeinandertreffen. Was eint die sieben Autorinnen und Autoren des Textteils? Das Herausstreichen der wohl unbestrittenen städtebaulichen Qualität von jenen Stadträumen, die vor 1945 entstanden sind. Selbst den Wohnbauten der Zwischenkriegszeit und auch der Zeit des Nationalsozialismus wird eingeräumt, dass die Baukörper mit ihren Volumen auch ohne Blockrandbebauung an das traditionelle Stadtgefüge anschließen. Einig ist man sich auch darüber, dass die explosionsartige flächenmäßige Stadterweiterung unter der Überschrift „Groß-Graz" des Nationalsozialismus städtebaulich nicht bewältigt wurde, dass gerade in den Jahrzehnten ab Mitte der Fünfzigerjahre der jahrhundertealte Organismus der Stadt massiv gestört wurde, weil auch möglicherweise vorhandene Ordnungsvorstellungen durch mangelnde gesetzliche Grundlagen nicht durchgesetzt werden konnten.

Durch die Fotografien, die naturgemäß Verkehrsräume als Stadträume zeigen, besonders angeregt, zieht sich das Thema Autoverkehr so gut wie durch alle Beiträge; auch das damit verbundene Übergewicht zulasten der Radfahrer/-innen und schon gar jener Fußgänger/-innen, die zu Haltestellen der Linien Graz gehen oder dort warten oder, wie eine Autorin, den Selbstversuch unternehmen, 3,6 km von der Alten Poststraße in einen bürgerlichen Innenbezirk zu wandern. Verkehrsraum, das zeigen die Fotografien und viele Beiträge, steht definitiv nicht allen Verkehrsteilnehmerinnen und -teilnehmern gleichermaßen zur Verfügung. Vielfach und über weite Strecken fehlen sogar Gehsteige, sodass zu Fuß gehen an Selbstgefährdung reicht. Viel ist von der Armut und Eindimensionalität („eine Meile Langeweile") des automotiven Stadtraums die Rede, von der negativen Spirale: Unattraktiver Stadtraum führt zur Autovermehrung, führt zu noch schlechterer Aufenthaltsqualität etc. Sehr genau wird etwa die Verschlechterung der räumlichen Verhältnisse durch die für den massiven Autoverkehr notwendig gewordenen Straßenverbreiterungen analysiert.

Klar wird in den Beiträgen auch, dass Stadt nicht von Amts wegen geplant werden kann, wenn nach 1945 der bürgerliche Grundkonsens schlagartig abhandengekommen war, wie Stadt gestaltet werden soll, wenn „Schönheit kein Planungsziel" mehr ist. Ohne Gemeinwohlorientierung aller „Autorinnen und Autoren" von Stadt, ohne Baukulturverständnis bei der Mehrheit der Bevölkerung sind auch rasch die Grenzen der städtischen Stadtplanung erreicht, die sich dann auf die Errichtung von hervorragenden Schulen und Heimbauten für Seniorinnen und Senioren zurückziehen muss.

Einig sind sich alle Autorinnen und Autoren, dass Projekte wie „Schau Graz! 426 Standpunkte zur Situation der Stadt" gut geeignet sind, einen Beitrag zu einem ideellen, ethischen Diskurs, zur Verbreitung und Vertiefung von Baukultur zu leisten, sodass alle, die zur Anmutung der Stadt Graz beisteuern, erkennen, welche Verantwortung sie für das Gemeinwohl tragen. Durch die Einbindung des Stadtplanungsdirektors im Rahmen des Workshops für Expertinnen und Experten, als Autor in diesem Katalogbuch und beim offenen Forum entsteht ein konkreter Austauschprozess: Rückmeldungen der Stadtnutzer/-innen gelangen an die Stelle der städtischen Verwaltung, die die zukünftige Stadtgestalt und Raumnutzung durch das Stadtentwicklungskonzept 4.0 und das Räumliche Leitbild maßgeblich beeinflusst.

Ist das Stadtbild noch zu retten?
Heinz Rosmann

Wer aufmerksam und kritisch durch die Stadt geht, wird sich sehr rasch die Frage stellen, ob alles das, was wir im öffentlichen Raum wahrnehmen, mit Überlegung und Absicht, also planvoll und aufeinander abgestimmt, entstanden ist oder ob eher ein gewisses Unvermögen vorherrscht, den Lebensraum qualitätsvoll zu gestalten. Welche Gründe sind dafür maßgebend, dass die realen Veränderungen des Stadtraumes den beschlossenen Zielsetzungen und Ansprüchen an eine hohe Gestaltungsqualität kaum gerecht werden? Ist die Stadt überhaupt bis in die kleinsten räumlichen Details planbar und wodurch wird sie tatsächlich verändert? Die Fotodokumente der Ausstellung „Schau Graz!" regen jedenfalls dazu an, diese Fragestellung genauer zu analysieren.

Auffallend ist die Abnahme der Qualität des städtischen Raumes und der begleitenden Architektur vom historischen Zentrum in Richtung Peripherie. Während die Innenstadt, die Gründerzeitviertel, das Gebiet um das Schloss Eggenberg und die alten Ortskerne eine hohe Wertschätzung genießen und durch mehrere Mechanismen – Grazer Altstadterhaltungsgesetz mit Altstadt-Sachverständigenkommission und Schutzzonen, UNESCO-Weltkulturerbe – weitestgehend geschützt sind, gab und gibt es für die flächenmäßig überwiegenden Stadtbereiche keine qualitätsfordernden „Regeln", um eine bessere Gestaltung des städtischen Erscheinungsbildes zu erreichen. Eine dafür verantwortliche fachliche Struktur ist in der Verwaltung kaum erkennbar und auch die politische Führung hat dieses wichtige Thema bisher nicht zu ihrer Aufgabenstellung gemacht. Solange temporäre „Zwischengegenstände", wie z. B. Kräne, von der Politik offenbar als bedeutungsvoller eingeschätzt werden als die gebauten und den Raum verändernde Gebäude, wird sich dieser unbefriedigende Zustand kaum verbessern.

Welche Gründe sind für die mangelnde Qualität der öffentlichen Räume essenziell? Nachfolgend der Versuch einer Erklärung: Bis in die unmittelbare Nachkriegszeit gab es noch einen gewissen Grundkonsens in der Gesellschaft, wie eine Stadt gebaut, wie Straßen und Platzräume gestaltet werden sollen. Maßgeblich dafür waren weitverbreitete Fach- und Lehrbücher über die Kunst des Städtebaus mit prototypischen Stadtgrundrissen, Straßenquerschnitten mit unterschiedlichen Profilen – mit oder ohne Vorgärten, Baumreihen und Alleen.[1] Die konsequente Umsetzung dieser stadträumlichen Ideen in den stark wachsenden Städten schuf Qualitäten, die auch an der Grazer Stadtstruktur gut abgelesen werden können. Um das historische Zentrum entwickelte sich in der Gründerzeit eine räumlich prägnante Blockrandbebauung mit grünen Innenhöfen sowie repräsentativen Straßenräumen (Vorgärten, Alleen, Grünanlagen, Parks etc.), daran anschließend folgten Bebauungen mit großvolumigen Villen in parkähnlichen Außenanlagen. Darüber hinaus bestimmten auch Bauten der Öffentlichkeit, wie Gerichte, Universitäten, das Landeskrankenhaus etc., die Stadtstruktur. Planungsgrundlagen dafür waren die Bauordnung 1867 der Landeshauptstadt Graz mit klaren Vorgaben zur Straßenregulierung und maximalen Gebäudehöhen, weiters die Stadtregulierungspläne (Josef Wastler, „Zukunftsplan von Graz"; Ludwig Muhry, Stadterweiterung von Graz; Stadtbauamt Graz, Regulierungsplan, 1892).[2] Die großzügigen Straßen- und Platzräume dieser Epoche vermitteln auch heute noch ein positives städtisches Lebensgefühl, das in anderen Stadtteilen nicht aufkommen kann. Selbst die Wohnbebauungen der Zwischen- und Nachkriegszeit waren räumlich noch klar determiniert, die Baukörper blieben in ihrer Dimension im traditionellen Rahmen und auf den öffentlichen Straßenraum bezogen.

Erst mit der Anwendung neuer Bautechniken ab Mitte der 1950er-Jahre und im Zuge der Motorisierungswelle vollzog sich ein radikaler stadträumlicher Wandel. Neue bautechnische Möglichkeiten sprengten die bisherigen Höhenbeschränkungen der Grazer Bauordnung und beflügelten die spekulative Errichtung von Wohnhochhäusern an beliebigen Standorten, z. B. inmitten der Gründerzeitviertel und Villengebiete, an Waldrändern und direkt am Hauptverkehrsnetz. Auf diese Entwicklung war die Stadt nicht vorbereitet, es gab weder stadträumliche Überlegungen noch raumplanerische Grundlagen. Erst durch negative Wohnerfahrungen, neue soziologische Erkenntnisse und durch den Entzug der Wohnbauförderung konnte diese Entwicklung Anfang der 1970er-Jahre gestoppt werden. Aber auch für den großflächigen Bau von Einfamilienhäusern ohne urbane Verdichtung gab es keine verbindlichen Planungsüberlegungen. Die Straßenräume für die Erschließung dieser Siedlungen wurden auf das Minimum beschränkt, verblieben meist in Privatbesitz und verhinderten somit ein kommunikatives städtisches Lebensgefühl.

Gegenwärtig verstärkt sich der Eindruck, dass das Wissen über die negative Wirkung zu hoher Verdichtungen verloren gegangen zu sein scheint, denn es wird zur Maximierung der Bebauungsdichten die Planung von Wohnhochhäusern – auch an stark befahrenen Straßen – wieder stark forciert. Auf die Maßstäblichkeit und die Qualität des öffentlichen Raumes wirkt sich diese Entwicklung nicht unbedingt positiv aus.

Die starke Zunahme des motorisierten Individualverkehrs mit dem immer höher werdenden Flächenbedarf für fahrende und parkende Fahrzeuge – zwischen 1952 und 2015 waren dies immerhin ca. 530 ha im Stadtgebiet![3] – ging fast ausschließlich zulasten von Grünflächen, Innenhöfen, Vorgärten, Bäumen, Alleen etc. So wurden zur Verbreiterung des Grazer Hauptstraßennetzes viele Alleen und Bäume schon in den 1960er-Jahren gerodet (z. B. Triester Straße, Schönaugürtel, Kärntner Straße, Wiener Straße etc.) und Vorgärten und Grünflächen auf Dauer eliminiert. Durch diese Straßenverbreiterungen wurden die räumlichen Verhältnisse gravierend verändert und es gab meist keine adäquaten Möglichkeiten, den Verlust an Grünsubstanz im Nahbereich zu kompensieren. Viele Straßenräume verloren so ihren urbanen Charakter und ihre Lebensqualität!

Ein wesentlicher Grund, warum es bisher relativ einfach war, die Straßenräume den geänderten Verkehrsbedürfnissen anzupassen, liegt sicher darin, dass es für die Durchsetzung von verkehrspolitischen Interessen ein bis in das kleinste Detail definiertes und rechtlich verbindliches Regelwerk gibt, das auch aufgrund des großen öffentlichen Interesses mit behördlichem Zwang durchgesetzt werden kann. Eine Erhaltung von Grünflächen, Vorgärten und Bäumen, aber auch von Gebäuden ist bei der Abwägung der Interessen im Regelfall nur eine Spielmasse und daher auch ein zu erbringendes „Opfer". Nachdem die Straßenplanungen durch Verordnungen – Spurbreiten, Kurvenradien, Sichtfelder, Verkehrszeichen, Lärmschutz, Haltestellen, Busspuren etc. – weitestgehend determiniert sind, verbleiben für die städtebauliche Gestaltung der Straßenräume nur sehr einschränkende Rahmenbedingungen, die jedenfalls eine städtebauliche Qualität nicht fördern. Besonders deutlich zu sehen ist dieser Mangel an Gestaltungswillen bei den Einfahrtsstraßen wie St.-Peter-Hauptstraße, Plüddemanngasse, Kärntner Straße, Triester Straße etc. Die räumliche Begrenzung der Straßen wird nicht durch Gebäude, Hecken, Vorgärten, Bäume etc. gebildet, sondern durch an Gefängnismauern erinnernde Lärmschutzwände, Plakatwände und Reste von städtischen Grünelementen. Auch noch relativ intakte Einfahrtsstraßen, wie die Mariatroster Straße, verlieren durch schlecht eingefügte Gebäude, den Verzicht auf Vorgärten und raumwirksame Baumpflanzungen, störende Müllsammelstellen und Flugdächer permanent ihren Charakter und ihre stadträumlichen Qualitäten.

Gibt es in der Stadtverwaltung überhaupt eine fachliche Instanz, die sich dieser wichtigen Fragen des Stadtraumes konsequent annimmt? An sich ist das Stadtplanungsamt für die Gestaltung des öffentlichen Raumes, aber auch für die Begutachtung von Bauvorhaben hinsichtlich ihrer Einfügung in das Orts- und Landschaftsbild zuständig. In den Stadtentwicklungskonzepten waren und sind (4.0 STEK) zwar ambitionierte Zielsetzungen für eine Verbesserung des öffentlichen Raumes verankert, für eine deutliche und wahrnehmbare Änderung fehlen dem Stadtplanungsamt offenbar die personellen und finanziellen Ressourcen. Das Hauptgewicht der Gestaltungsaufgaben musste demnach in der Vergangenheit auf die Umgestaltung des innerstädtischen Verkehrsnetzes, wie Fußgängerzonen, Plätze, Muruferpromenaden, Beleuchtung etc., gelegt werden. Weiters wird zur Vorbereitung der Bebauungsplanung im „1.0 Räumliches Leitbild/Entwurf" wohl der Versuch unternommen, Zielsetzungen für straßenraumbildende Bebauungstypen zu beschreiben, eine Kategorisierung der öffentlichen Straßenräume nach ihrer Wertigkeit und dem zukünftigen Gestaltungspotenzial ist in dieser Phase aber noch nicht erkennbar. Zusätzlich zum Stadtplanungsamt wurde in der Stadtbaudirektion (erst!) 2012 ein „Fachbeirat für Baukultur" wirksam, der sich allerdings nur mit Objekten ab 2.000 m² Bruttogeschossfläche befasst, die Gestaltung des öffentlichen Raumes steht nicht auf dessen Agenda. Im Unterschied zu Salzburg und anderen Städten, wo die Begutachtung des Gestaltungsbeirates ein mediales Echo erfährt und öffentliche Diskussionen über relevante Bauvorhaben und Gestaltungsaufgaben hervorruft, arbeitet der Fachbeirat in Graz „in aller Stille". Weder über die öffentlichen Medien noch über die aktuellen Informationsquellen des Magistrates wurde bisher über das Wirken des „Fachbeirates für Baukultur" ausreichend berichtet und daher bleiben Fragen der Architektur und der Gestaltung des öffentlichen Raumes für die interessierte Öffentlichkeit weitestgehend verborgen.

Damit eine grundsätzliche Verbesserung in der Gestaltung des öffentlichen Lebensraumes in der Stadt erreicht werden kann, wäre eine fachliche Aufarbeitung dieses wichtigen Themas mit Vorschlägen für notwendige Änderungen in der Verwaltung sowie eine allgemeine Diskussion mit den verantwortlichen Politikerinnen und Politikern dringend geboten. Die Ausstellung im GrazMuseum könnte für einen solchen Prozess eine initiale Wirkung entfalten.

1   Joseph Stübben, Der Städtebau, Darmstadt: Bergsträsser, 1890; Camillo Sitte, Der Städte-Bau nach seinen künstlerischen Grundsätzen. Ein Beitrag zur Lösung modernster Fragen der Architektur und monumentalen Plastik unter besonderer Beziehung auf Wien, Wien: Graeser, 1889.
2   Sokratis Dimitriou, Stadterweiterung von Graz. Gründerzeit (Publikationsreihe des Grazer Stadtmuseums, 2), Graz u.a.: Leykam, 1979.
3   Wolfgang Sulzer, Stadtbaudirektion Graz (Hrsg.), Reale Abbildung der Stadtentwicklung Graz. Landnutzungskartierung 1945–2015, Stadt Graz – Stadtvermessung, Stadtplanung, Graz: Stmk. Landesdruckerei, 2016.

Gedanken zu „Schau Graz!" vom Blickwinkel der Stadtplanung 2018
Bernhard Inninger

1. Zu den Fotografien

Menschliche Wahrnehmung, selbst wenn man sie auf den Sehsinn reduziert, ist im wörtlichen und übertragenen Sinn breiter als ein statischer Blick durch ein 35-mm-Objektiv. Das weite Gesichtsfeld vermittelt uns einen Eindruck von der Topografie, der Witterung, auffälligen Gebäuden oder hohen Objekten im Umfeld. Aus den durch die Bewegung im Raum gewonnenen Sinneseindrücken baut unser Gehirn komplexe Modelle, die für die Orientierung weitaus wichtiger sind als ein einzelner Ausschnitt. Aus diesen Gründen wirken selbst für Kenner/-innen der Stadt Graz diese Bilder fremd. *Dennoch sind sie korrekt.* Sie geben also Tatsachen wieder, nicht aber die Stadtwahrnehmung eines Menschen.

2. Zu den gewählten Standorten

Die mittlere Bevölkerungsdichte in der Stadt Graz ist etwa halb so hoch wie beispielsweise in Wien; es gibt historisch bedingte große Gebiete mit dünner Besiedlung (Ein- und Zweifamilienhausgebiete) sowie zwischenstädtische Strukturen. Dennoch wohnen fast 90 % der Bewohner/-innen im Einzugsgebiet eines guten städtischen öffentlichen Verkehrsangebots, weil die öffentliche Hand mit erheblichem Mitteleinsatz Buslinien auch in weniger dicht bebauten und genutzten Gebieten aufrecht hält. Diesem Umstand ist es zu verdanken, dass sich ein Großteil der Haltestellen (welche als Standorte für die Fotografien dienen) außerhalb des kompakten urbanen Gefüges befindet. Es wurde ja keine Gewichtung nach der Anzahl der pro Haltestelle jeweils ein- und aussteigenden Fahrgäste vorgenommen, sondern alle Haltestellen werden gleichwertig präsentiert. Dadurch kommt es zu einer *Überrepräsentation* der Randlagen und tendenziell einem Verschwinden des Städtischen. So erklärt sich zum Teil auch die geringe Anzahl abgebildeter Personen.

3. Zur Planung des öffentlichen Raumes

Vorweg zum Begriff „Stadtplanung": Was kann an einem derart komplexen Ereignis, einem sozialen Phänomen, einem jahrhundertealten Organismus „geplant" werden? Die aktuelle Stadtplanung in Mitteleuropa befasst sich schwerpunktmäßig noch immer mit der Weiterentwicklung der physischen Struktur des urbanen

Lebensraumes, und sie tut dies *arbeitsteilig*. Insbesondere für den öffentlichen Raum gilt dabei, dass manche Akteurinnen und Akteure nur unbewusst und gleichsam nebenbei die Stadt mitgestalten; es ist dies nicht der Zweck ihrer Tätigkeit, der z. B. in der Sicherstellung einer funktionierenden Straßenentwässerung bestehen kann, in der Reduktion der Verkehrsunfallhäufigkeit oder in der Gewinnmaximierung für ein Unternehmen. Nur in einem verschwindend kleinen Teil des Stadtraumes zeigen die Fotografien einen *bewusst gestalteten* öffentlichen Raum, der in der Zusammenschau der unterschiedlichen funktionalen, rechtlichen und technischen Aspekte geplant wurde. Diese Planungen sind mit einem gewissen Aufwand verbunden und zeichnen sich durch das Primat der Gestaltung, die Federführung der Freiraumplaner/-innen oder der Architektinnen und Architekten aus; man findet ihre Ergebnisse in der Innenstadt oder in Platzgestaltungen. Im *Regelfall* werden hingegen Straßenräume immer noch so hergestellt, dass sie funktionale und rechtliche Anforderungen effizient erfüllen; sie haben keinerlei gestalterischem Anspruch zu genügen. Das sieht man.

Die Zukunft wird zeigen, ob das aktuell stärkere Engagement der Grazer Stadtplanung in der Gestaltung der vormals rein technisch abgehandelten (Verkehrs-)Infrastruktur fortgeführt werden und somit für das künftige Stadtbild von Relevanz sein kann.

4. Technik und Gestaltung

Nun ist bekannt, dass gestalterisches Wollen keineswegs eine Voraussetzung für ansprechende Lösungen ist, ja, dass z. B. funktionale Optimierung Strukturen von betörender Schönheit schaffen kann.

Warum trifft das auf den städtischen Straßenbau nicht (mehr) zu? Das liegt auch an den Zielsetzungen für diese Planungen. So wird erst in diesen Tagen an einzelnen europäischen Universitäten – sowohl im Städtebau als auch in der Verkehrsplanung – die *Aufenthaltsqualität* als Bewertungskriterium für die Güte von Geh- und Radwegen in den akademischen Diskurs eingeführt. Die Kamera nimmt die Position einer *Fußgängerin* ein, sie zeichnet jedoch primär *für Automobile optimierte Räume* auf. Auch daher rührt die Wahrnehmung teilweise unattraktiver räumlicher Situationen – es wurde schlicht nicht für den Menschen geplant. Mit einem erweiterten Anforderungskatalog wäre auch einer rein funktional, technisch und wirtschaftlich determinierten Herangehensweise die Produktion tauglicherer Straßenräume zuzutrauen. Was könnte eine Reform des Anforderungskatalogs in Gang bringen? Die Fokussierung auf den (nicht-motorisierten) Menschen, also auf den „Langsamverkehr".

5. Zum Planungsziel Schönheit

Was wollen die Architektinnen und Architekten der letzten Jahrzehnte mit ihren Werken erreichen? Sie werden, danach befragt, von Zweckmäßigkeit und Effizienz, von Angemessenheit und Funktion, von Nachhaltigkeit und Ökologie, von Wirtschaftlichkeit sprechen. Sehr selten wird als Ziel angeführt, bei der Betrachtung oder Nutzung Staunen, Freude oder Vergnügen auslösen zu wollen. Während in früheren Zeiten der vordergründige Effekt zelebriert wurde, gilt er heute als verpönt. Zweifellos entstehen auch heute Werke von faszinierender Schönheit. *Im Diskurs jedoch stellt sie ein Tabu dar.* Es ist ähnlich wie mit der jahrzehntelang „vergessenen" Aufenthaltsqualität für den Menschen (vgl. 4.) – wovon man nicht spricht, das kommt zu kurz. Nicht in den Werken herausragender Planer/-innen und Auftraggeber/-innen, aber im Regelfall!

6. Zum Städtischen

Wie angemerkt (vgl. 2.), stammen die Bilder großteils aus dünn besiedelten oder heterogen überformten Gebieten. Es handelt sich dabei um ehemals selbstständige Nachbargemeinden der Stadt Graz, welche während der NS-Zeit eingemeindet wurden und ihre im Kern unstädtischen Strukturen auch während der späteren Bautätigkeit beibehalten haben. Wird das so bleiben? Nein, die Ausbreitung des im besten Sinne urbanen Stadtkerns nach außen hat seit dem Jahr 2000 Fahrt aufgenommen. Wir verstehen heute das starke Bevölkerungs- und Wirtschaftswachstum *als Chance für eine Urbanisierung* der Zwischenstadt. Daher dehnen wir gerade in diesen Jahren den Siedlungsraum nicht nach außen aus, sondern intensivieren die Siedlungsentwicklung entlang festgelegter Achsen innerhalb des bebauten Stadtraumes. Sieht man das schon? An einigen wenigen Bildern. Eine größere Anzahl zeigt Potenziale auf.

7. Zur Identität der Stadtteile

Mangels ergänzender Informationen, die man in der Realität aus der Bewegung, dem breiten Blickwinkel des Auges oder dem Erfahrungswissen gewinnt (vgl. 1.), könnte man manche Gebiete auf den Fotografien glatt verwechseln, so ähnlich sehen die abgelichteten Strukturen aus. Unweigerlich stellt sich die Frage nach der *Quartiersidentität* – gibt es so etwas heute in Graz (noch)? Auch in Randgebieten? Sollte man sie mit gestalterischen Mitteln fördern? Objektiv betrachtet ist Graz tatsächlich eine Stadt mit vergleichsweise gering ausgeprägten Unterschieden. Das gilt für die soziale Durchmischung ebenso wie für die infrastrukturelle Ausstattung und spiegelt sich in den regelmäßig durchgeführten

Befragungen der Bevölkerung zu den Indikatoren für Lebensqualität wider. Politik und Verwaltung bemühen sich aktiv darum, in allen Teilen der Stadt bestimmte Qualitäten zu gewährleisten und sind durchaus stolz darauf, dass auf den Bildern nicht vordergründig „gute" und „schlechte" Stadtviertel zu erkennen sind.

8. Zur Architektur und der Rolle von Vorschriften

Neben dem öffentlichen Raum, von dem hier viel die Rede war, errichtet die öffentliche Hand auch Gebäude, die zwar von besonderer Bedeutung für die Bürger/-innen und den Stadtraum sind, jedoch vergleichsweise gering in ihrer Zahl – Rathaus, Schulgebäude etc. Überwiegend sehen wir also Gebäude, die im Auftrag *privater* Personen oder Unternehmen entstanden sind. Ein Blick in die Geschichte der Architektur und des Städtebaus führt uns zwei wesentliche Motivationen vor Augen, für ein angemessenes Erscheinungsbild ihrer Häuser Sorge zu tragen – einerseits das intrinsische Streben nach Repräsentation, Stolz, Gottesverherrlichung etc., andererseits üben die Regelwerke einen substanziellen Einfluss auf die Gestaltung aus. Im ländlichen Bereich sind Beispiele sowohl für sehr liberale als auch sehr strenge, auf Einheitlichkeit abzielende Regelungen zu finden. In der Dichte einer Stadt kann der Interessenausgleich nur gelingen und können sinnfällig aufeinander abgestimmte Einzelobjekte nur zu einem Ganzen werden durch: *Vorschriften*. Lässt die öffentliche Hand hier ein Vakuum entstehen, treten unweigerlich Fehlentwicklungen ein, wie in Graz z.B. die ersten Jahrzehnte nach 1945 klar gezeigt haben. Und so hat die Stadt Graz durch zivilrechtliche Instrumente (städtebauliche Verträge) oder durch die Erlassung eines Räumlichen Leitbildes in jüngerer Vergangenheit wieder ein wirksameres Instrumentarium für die Lenkung der privaten Bautätigkeit im Sinn einer Qualitätssicherung geschaffen. Übrigens in zahlreichen Fällen auf Grundlage einstimmiger Beschlüsse im Gemeinderat, auch in Zeiten, da man „zusätzliche" Vorschriften mehrfach hinterfragt: Die Notwendigkeit war offensichtlich.

9. Vorschlag einer Zeitreise

Die Fotografien dieser Reihe verführen zu einer Zeitreise in Gedanken: Was hätte man vor 50 Jahren an diesen Orten gesehen, was vor 100? Und wenn unser heutiges Tun die erwartete positive Wirkung entfaltet: Wie würde man das an künftigen Fotografien ablesen können? Gerne bekenne ich, dass – wohl gerade weil Methoden der Fernerkundung von oben die tägliche Praxis prägen – diese Bilder auf Augenhöhe eine besondere Faszination ausgeübt und mein Interesse geweckt haben. Ich hoffe, geneigte/-r Leser/-in, dass es Ihnen ähnlich ergeht, und rege eine Wiederholung der Fotoserie im Jahr 2050 an.

Die Plüddemanngasse – eine Meile Langeweile
Markus Bogensberger

Die Plüddemanngasse ist eine der wichtigsten Einfahrtsstraßen aus Richtung Süden in das Stadtzentrum von Graz. Sie ist Teil eines Straßenzuges, der innerhalb relativ kurzer Strecke seinen Namen von Merangasse auf Plüddemanngasse und schließlich St.-Peter-Hauptstraße ändert. Der Beginn der Plüddemanngasse am Schillerplatz markiert gewissermaßen auch den Randbereich der gründerzeitlichen Bebauungsstruktur. Hier ist die Blockrandbebauung nicht mehr geschlossen, und ein massives Wohnhochhaus verschafft sich bei Hausnummer 16 Platz. Es steht frei und ignoriert die Logik des Blocks. Sein Erdgeschoss beheimatet keine Geschäftslokale oder Wohnungen, sondern Garagen, und die Vorgärten wurden von Parkplatzflächen abgelöst. Wenn man der Straße Richtung Süden folgt, kann man diese Nutzungsveränderung der Erdgeschosszone gleich mehrfach erleben. Die in den vergangenen Jahren errichteten Gebäude verfügen alle über großformatige Tiefgarageneinfahrten und zum Teil sogar überbaute Parkplätze anstatt eines Parterres. Dass sich kein sinnvoller oder ertragreicherer Verwendungszweck für ein Geschoss als ein einfacher Autoabstellplatz finden lässt, erscheint verwunderlich. Um die Entstehung des südlichen Teils der Plüddemanngasse besser verstehen zu können, muss man einen Blick auf die Siedlungsgebiete, welche diese Straße an ihrer östlichen Seite begleiten, werfen.

Die gründerzeitliche Planung der Stadt endet mit dem Ersten Weltkrieg. Etwas pointiert könnte man behaupten, dass vor allem nach dem Zweiten Weltkrieg in Graz keine Planung einer zusammenhängenden Stadt mehr erfolgt ist. Es wurde das Augenmerk nicht mehr auf den Städtebau, sondern vielmehr auf den Siedlungsbau und ergänzend auf die Verkehrsplanung mit einem Schwerpunkt auf mobilisierten Individualverkehr gelegt. Dieser Paradigmenwechsel folgte in seinen Grundzügen auch der stadtplanerischen Lehre der Moderne, wonach die Funktionen Wohnen, Arbeiten, Freizeit und Verkehr räumlich voneinander getrennt werden sollten.

In dem zuvor erwähnten Bereich der Stadt in den Bezirken Wetzelsdorf und St. Peter sind nun seit den 1950er-Jahren Wohnanlagen entstanden, welche sehr gut die jeweilige Epoche widerspiegeln und nahezu als ein Freilichtmuseum für den Wohnungsbau des 20. Jahrhunderts dienen könnten. So wurde hier mit der Eisteichsiedlung in den Jahren 1958–1964 eines der ersten großen Siedlungsprojekte nach dem Krieg umgesetzt. Insgesamt wurde hier eine „Satellitenstadt" mit vierzig Gebäuden errichtet, die immerhin bis zu fünfzehn Geschosse aufweisen. Weiter südlich schließt die Terrassenhaussiedlung an, der erste Großwohnkomplex Österreichs. Hier wurde von dem Architekturbüro Werkgruppe Graz ab Mitte der 1960er-Jahre eine Terrassenhaus-Anlage entwickelt, die den strukturalistischen Strömungen im Architekturdiskurs folgte. Die Häuser sollten Gemeinschaftseinrichtungen beherbergen, partizipativ entwickelt werden und durch ihre hohe Wohnqualität eine Alternative zur beginnenden Zersiedelung der Landschaft mit Einfamilienhäusern bieten. Diese von 1972–1978 gebaute Siedlung gilt nach wie vor als sehr attraktiv und wird von Architekturliebhaberinnen und -liebhabern weltweit geschätzt. Die Bauweise fand jedoch keine Nachahmer/-innen und blieb ein Unikat. Zwischen Eisteich- und Terrassenhaussiedlung wurde schließlich die Maß-Mensch-Siedlung als eine typische autofreie 1970er-Jahre-Siedlung errichtet. Den südlichen Abschluss dieser Siedlungsanlagen bilden die Wohnbauten auf den Wienerberger Gründen, welche von den Architekten Ralph Erskine und Hubert Rieß geplant wurden. Die Konzeption dieser Anlage kann als Musterbeispiel für postmoderne Siedlungsplanung betrachtet werden. Hier wurde durch eine stark gegliederte Gestaltung der Baukörper und sorgfältig geplante Außenräume eine Siedlung mit dörflichem Charakter und „gewachsen" wirkenden Strukturen realisiert. In der Folge wurden in diesem Bereich weitere interessante kleinere Wohnanlagen, etwa von Volker Giencke oder Helmut Richter und Heidulf Gerngross, errichtet. Allen Siedlungsanlagen ist allerdings gemeinsam, dass sie monofunktional für Wohnnutzung konzipiert sind. Straßen und Plätze dienen rein der Erschließung und Nutzung der dort ansässigen Bewohner/-innen und bilden keinen öffentlichen Raum, wie er etwa einige Hundert Meter weiter nördlich am Schillerplatz noch existiert. Diese Siedlungen stehen eher für einen peripheren Typus und generieren keinen allgemein nutzbaren Aufenthaltsraum in der Stadt. Als eine Reaktion auf die mehreren Tausend Bewohner/-innen dieser Wohnanlagen entwickelte sich die Plüddemanngasse kontinuierlich zu einer Einkaufsstraße, um Nahversorgungsfunktionen anzubieten.

 Durch die zufällige Bebauung der Grundstücke entstand auf diese Weise eine mit den amerikanischen Strip Malls vergleichbare Typologie. Mehrere Supermärkte, Tankstellen, eine Bank, Fast-Food-Ketten und weitere Gewerbe errichteten ein- bis zweigeschossige Verkaufshallen mit vorgelagerten Parkplatzanlagen entlang der Straßenfront. Diese Art der Einkaufsstraße ist wenig fußgängerfreundlich, sie bezieht sich hauptsächlich auf die Autofahrer/-innen als Kundschaft und ist daher vor allem im Bereich von Autobahnabfahrten und bei großen

Kreisverkehren in ländlichen Regionen anzutreffen. Sowohl dort als auch in der Plüddemanngasse stellen diese Formen der Bebauung eine sehr ineffiziente Nutzung der bebauten Fläche dar, bilden keinen attraktiven Straßenraum und verursachen starken Autoverkehr. Im letzten Stadtentwicklungskonzept, dem STEK 3.0, wurde dieser Bereich noch mit „wenig Transformationspotenzial" ausgewiesen, obwohl sich seit Längerem abgezeichnet hat, dass die vorhandenen Grundstücke um ein Vielfaches besser verwertet werden könnten. So wurden nun in jüngster Zeit anstelle einer Tankstelle und eines kleinen Geschäftshauses zwei große Wohngebäude errichtet. Hier wird die bedauerliche Tatsache virulent, dass in Graz keine Bebauungspläne für größere Areale erstellt werden. Während in zahlreichen größeren Städten flächendeckende Bebauungspläne für das Stadtgebiet vorliegen, werden in Graz diese Unterlagen nur anlassbezogen erstellt und stellen daher meist eine Reaktion auf die Wünsche von Bauwerberinnen und Bauwerbern dar. Diese Vorgangsweise hat zwar den Vorteil, dass sehr flexibel auf eine aktuelle Bauaufgabe Bezug genommen werden kann, jedoch auch den großen Nachteil, dass ein Straßenzug nicht langfristig entwickelt werden kann.

In der Plüddemanngasse haben sich die politisch Verantwortlichen und die städtische Verwaltung in den vergangenen Jahren hauptsächlich mit möglichen Verkehrslösungen beschäftigt und versucht, Abbiege-, Bus- und Fahrspuren zu entwirren. Die Straße ist als eine der meistbefahrenen Einfahrtsstraßen und Stauzonen in Graz bekannt, und die Situation wird zusätzlich durch den Zielverkehr zu den Einkaufsmöglichkeiten und die zahlreichen Zufahrten erschwert.

Tatsächlich könnte dieser Straßenzug aber nach wie vor so geplant werden, dass die Qualitäten des innerstädtischen Stadtraumes weitergeführt werden und die Straße dadurch stark verbesserte Aufenthaltsmöglichkeiten erhält. Auf diese Weise könnte ein sozial nutzbarer Raum entstehen, der für viele Tausend Menschen, die in unmittelbarer Nähe leben, zur Verfügung stehen würde. In diesem Rahmen könnten schließlich auch das Stadtbild wesentlich verbessert und ökologische Maßnahmen eingeführt werden (Baumalleen, Forcierung von Fuß- und Radwegen).

Der dänische Architekt und Vordenker einer menschenfreundlichen Stadt, Jan Gehl, vertritt die Ansicht, dass, wenn man in einer Stadt auf viele Kinder trifft, es sich dabei um einen Indikator für eine allgemein gute Lebens- und Wohnqualität handelt. Dasselbe gelte für ältere Menschen und jene mit Einschränkungen. Im Moment würde diese Straße einen dementsprechenden Test wohl nicht bestehen. Es existiert allerdings nach wie vor die Chance, die Plüddemanngasse in einen angenehmen Stadtraum mit verschiedensten Angeboten für zahlreiche

Nutzer/-innengruppen zu transformieren. Dazu müsste allerdings eine Vision für den Straßenzug und die angrenzenden Gebiete entwickelt werden. Je schneller, desto besser!

Verkehr und Demokratie
Johannes Fiedler

„Es besteht eine potenziell ethische Beziehung zwischen Geschwindigkeit und Zweck, ein System von Rechten, das in differenzierter Weise Zugang zu Geschwindigkeit (und Raum) gewährt. [...] Tatsächlich verlangt der Verhandlungscharakter jeder räumlichen Begegnung in der Stadt eine ethische Betrachtung aller ihrer Bestandteile."

Aus: Michael Sorkin, „Traffic in Democracy"[1]

Eine Ausstellung mit Fotos, die Graz aus der Perspektive der Haltestellen der öffentlichen Verkehrsmittel zeigt, ist zwangsläufig eine Ausstellung zum Thema Verkehrsräume. Man sieht, wie die baulichen Gestaltungen, die mit der Organisation von Verkehr einhergehen, in jene Räume hineingewachsen sind, die von den Gebäuden, von der städtischen Natur, vom Aufenthalt gebildet wurden. Wo diese Räume wegen ihres Alters oder ihres Wertes robust genug gewesen sind, wo man dem historischen Bestand gegenüber Respekt erwiesen hat, gibt es eine wohltuende Balance zwischen den Bauten, die dem Bleiben dienen, und jenen, die man für die Bewegung braucht – zwischen „Haus" und „Straße". Diese Balance ist aus dem Gehen entstanden und ist in allen Details dem Maßstab des Gehens verpflichtet.

An vielen anderen Orten, in den uferlosen Peripherien, wo sich ein fußläufiger Zusammenhang von Haus und Straße nie entwickeln konnte, kippt hingegen die Balance zugunsten der Anlagen des Verkehrs, greifen die Spuren und Radien der Fahrbahnen weit aus, schneiden Inseln und andere unbewohnbare Flecken aus der Fläche, drängen die schon da gewesenen Häuser in den Hintergrund, die sich nun, in ihrer Marginalisierung, hinter Lärmschutzwänden zu verbarrikadieren suchen. Andere Bauten, jüngeren Datums, breiten große Parkplatzteppiche vor sich aus, locken mit überlebensgroßen Schildern, verzichten großspurig auf Kunden, die zu Fuß kommen könnten. Dazwischen liegen jene Orte, die besonders traurig machen, wo ein einst vorhandener, fußläufiger Raum durch Maßnahmen der Beschleunigung und der Funktionstrennung entstellt worden ist. Wenn wir die Bilder von „Schau Graz!" Revue passieren lassen, stellen wir bald fest, dass diese gekippten Räume in unserer Stadt die Mehrzahl darstellen.

In diesen Bildern, die das Verhältnis zwischen „Haus" und „Straße" reflektieren, werden auch die Prioritäten offengelegt, die in der baulichen Gestaltung den unterschiedlichen Elementen des Stadtraums eingeräumt wurden – zum einen in der Abwägung zwischen dem Gebäude und dem Verkehrsweg, zum anderen innerhalb der Verkehrsfläche selbst. Wie viel Platz nimmt der Autoverkehr ein, wie viel eine allfällige Straßenbahn oder ein Radweg, und was bleibt übrig für das Gehen? Dass motorisierte Fahrzeuge im Verhältnis zu der Zahl der Nutzer/-innen um ein Vielfaches mehr Platz benötigen, weil sie mit höherer Geschwindigkeit unterwegs sind, gilt als allgemein akzeptierter Grundsatz und wird gemeinhin als Notwendigkeit dargestellt.

Tatsächlich liegt in dieser impliziten Verkettung von technischer Anforderung und vermeintlicher Notwendigkeit die Krux aller Diskussionen um die Gestaltung von öffentlichem Raum. Wie viel Autoverkehr ist notwendig? Welche Geschwindigkeit ist notwendig? Wie notwendig ist die Möglichkeit, in einer gewissen Zeit mit dem Auto die Stadt durchqueren oder aus ihr herausfahren zu können? Aber auch: Wie notwendig ist die Beschleunigung einer Straßenbahn durch den Bau einer eigenen Trasse oder einer Unterführung, die ein Loch in die Straße reißt?

Solche „Notwendigkeiten" entwickeln sich dort, wo ein System eine Situation hervorgebracht hat, in der offensichtlich nur eine systemimmanente Lösung Abhilfe schaffen kann. (Etwa beim sogenannten „Lückenschluss" von Schnellstraßen. Wie kommt eine Ortschaft dazu, den Durchzugsverkehr zu ertragen, wenn zu beiden Seiten großzügige Ausbauten ein rasches Fortkommen suggerieren?) Und wie entstehen Systeme? Sind auch sie der „Notwendigkeit" verpflichtet oder sind sie nicht vielmehr Ausdruck von Idealen und Lebensmodellen, das Ergebnis von Sinnsuche?

Das 20. Jahrhundert hat Ideale, Lebensmodelle und Sinnstiftungen hervorgebracht, in deren Zentrum das eigene Auto steht. Dieses automotive Paradigma hat sich tief in technischen Normen und wirtschaftlichen Praktiken verwurzelt. Man sagt, der „Verkehr" muss „fließen", als ob von natürlichen Elementen die Rede wäre, die von höherer Gewalt über uns ausgegossen werden. Man sagt, „die Wirtschaft" brauche das Auto, damit „die Leute zur Arbeit fahren können". Man sagt, das Auto stehe für „den freien Bürger".

Es sind in den letzten Jahrzehnten aber auch andere Ideale, Lebensmodelle und sinnstiftende Bilder entstanden – solche, die in der Wertschätzung des natürlichen und kulturellen Erbes, dem Streben nach sozialer Kohärenz verankert sind. Es sind Räume und Stadtkulturen entstanden, die ihre Identität wesentlich im Gehen, im Radfahren, in der Nutzung öffentlicher Verkehrsmittel begründen. Es ist eine Kultur des öffentlichen Raums, die dem Prinzip der Auto-Abkapselung, der Optimierung des Eigenen zulasten der anderen, entgegengestellt wird.

An diesem Punkt muss auch der wirtschaftliche Aspekt angesprochen werden. Dass ein wesentlicher Anteil der aktuellen Prosperität dem automotiven

Sektor zu verdanken ist, muss man gerade in Graz nicht weiter ausführen. Zugleich weiß man aber auch, dass einer Ökonomie, die auf dem Raubbau von Ressourcen beruht, kein dauerhaftes Glück beschieden sein kann. Dabei geht es nicht nur um die energetischen Ressourcen, sondern auch um die Ressource „Raum" – und dazu gehört auch „Stadtraum". Über die Machbarkeit einer post-automotiven Wirtschaft kann hier nichts Belastbares gesagt werden. Was jedoch angesprochen werden sollte, ist die Beobachtung, dass wirtschaftliche Impulse schon lange nicht mehr von der Transformation natürlicher Ressourcen ausgehen, wie das im industriellen System, auf dem das Automotive basiert, der Fall war. Heute sind es Digitalisierung, Informations- und Finanzdienstleistungen, die das Wachstum antreiben, und die neu entstandenen Giganten auf diesem Gebiet zeigen, wie mächtig und wirtschaftlich produktiv immaterielle Güter sein können. Der Wert immaterieller Güter beruht auf Ideellem – auf der Nachfrage nach Austausch, Erlebnis, Wissen. Warum also sollten nicht auch die post-automotiven Ideale eine robuste Wirtschaft tragen können?

Warum ist „Stadtraum" eine Ressource? Was kann man aus ihr herausholen? Man denke an den traditionellen Stadtraum, mit Menschen auf der Straße, mit Geschäften und vielfältigen Verkehrsmitteln, an Räume, die wir aus der Vor-Auto-Zeit geerbt haben: Dieser Raum, der aus den Gebäuden und den dazwischenliegenden öffentlichen Flächen gebildet wird, ist zuallererst ein Medium der Gesellschaftsbildung, der Schaffung gegenseitiger Verbindlichkeit, einer Mindest-Kohärenz, erzeugt durch Verhaltensnormen zum einen und Rechte zum anderen. Beides ist für das Zusammenleben unterschiedlicher Menschen und Identitäten essenziell. Dazu kommt die wirtschaftliche Dimension: Handel, Informationsaustausch, Kontakte. Die Basis dieser Art von Raum ist die Fußläufigkeit, die Tatsache, dass man zu Fuß gehen kann und sich dafür nicht schämen muss. Gut, könnte man sagen, auch der automotive Stadtraum mit seinen Verkehrsregeln und kollektiven Erlebnissen (Stau, Ärger) ist gesellschaftsbildend, doch: Wie arm ist dieser Raum, wie eindimensional sind die kommunikativen Möglichkeiten, wie viele Menschen sind aus dieser „Gesellschaft" ausgeschlossen! Auch die weithin propagierte Entwicklungsperspektive – digital vernetzte Konsumentinnen und Konsumenten in automatisierten Kapseln – lässt keinen Zuwachs an sozialer Qualität erwarten.

Ein Teil der Funktion des Stadtraums als Medium der Verhaltenssteuerung besteht darin, dass er die Wahl der Verkehrsmittel beeinflusst. Ist der Raum unattraktiv, wird auch die kürzeste Strecke mit dem Auto gefahren. Ist der Raum vom Autoverkehr dominiert, wird auch das öffentliche Verkehrsmittel nicht angenommen. Schon der Weg zur Haltestelle – nicht seine Länge, sondern seine Qualität –, die Exponiertheit an den Haltestellen selbst schrecken ab. So ergibt sich, wenn nicht gleichzeitig mit der Verbesserung des öffentlichen Verkehrs der Autoverkehr eingeschränkt wird, eine negative Spirale: unattraktiver Stadtraum – mehr Autos, Verschlechterung des Stadtraums – noch mehr Autos.

Wenn man also davon ausgeht, dass Fragen des Verkehrs zuvorderst als Wertefragen zu behandeln sind, dass es um Lebensmodelle, um Sinnstiftung geht, dann muss das auch in der Politik so ausgesprochen werden. Verkehrspolitik darf sich nicht hinter vermeintlichen „technischen Notwendigkeiten" verschanzen, sondern darf und soll von Ideologie getragen sein. Dazu gibt es Politik: Sie hat die Aufgabe, Ideelles, mitunter Unscharfes, in formale Akte zu verwandeln – in Beschlüsse, Budgets, Pläne.

Das Dilemma der demokratischen Ordnung besteht darin, dass es für die politischen Entscheidungsträger/-innen immer den Anreiz gibt, den Sentiments einer vermuteten oder demografisch erhobenen Mehrheit zu folgen – mitunter auch entgegen besserem Wissen. So kommt es, dass viele der Situationen, die in der Ausstellung „Schau Graz!" gezeigt werden, die Tatsache widerspiegeln, dass hier aus dem Blickwinkel einer offensichtlichen Mehrheit – der Autofahrer/-innen – zulasten der übrigen Bürger/-innen entschieden wurde. Dieses Handeln ist politisch rational und soll auch nicht dazu herangezogen werden, die Demokratie zu diskreditieren. Ein Blick in autoritär regierte Länder – etwa China oder den Iran – zeigt, dass es auch dort unmöglich ist, dem populären Wunsch nach Automobilität etwas entgegenzusetzen.

Im Gegensatz zum autoritären Modell hat die Demokratie jedoch die Möglichkeit, den ideellen Diskurs zu führen, mit der Folge, dass sich etwas ändert im Wertesystem, dass vermeintliche Notwendigkeiten in der Folge anders gesehen werden und Entscheidungen anders ausfallen. Wesentlicher Teil dieser ideellen Erneuerung sind kulturelle Aktivitäten, Veranstaltungen im Überlagerungsbereich von Kunst und Wissenschaft, und es ist besonders erfreulich, wenn eine Institution der Stadt Graz, wenn das Stadtmuseum mit einer kritischen Themenstellung zu dieser Erneuerung beiträgt.

1 Michael Sorkin, „Traffic in Democracy", in: Arie Graafland, Cities in Transition, Rotterdam: 010 Publishers, 2001.

Skeptische Graz-Landschaften
Zu den Graz-Fotografien von Franziska Schurig
Otto Hochreiter

Ausstellungen des GrazMuseums sind oft Ergebnisse von langen intensiven internen und externen Debatten. Da gibt es meist eine erste Grundidee, die erst durch das Einbeziehen vieler Aspekte, durch Versuch und Irrtum, durch Versuch und Lösung zu einer museumsreifen Ausstellung geformt wird. „Schau Graz! 426 Standpunkte zur Situation der Stadt" ist eine solche „Schau". Die Tragfähigkeit meiner für Wien früher einmal durchgespielten Grundidee, von jeder Haltestelle aus fotografische Aufnahmen zu machen und damit ein repräsentatives Sample von Stadtbildern, eine gesamthafte Anmutung der Stadt zu generieren, hatte ich in zahlreichen „Probefahrten" mit Grazer Bussen und Straßenbahnen fotografisch nochmals überprüft. Durch die Zusammenschau Hunderter Fotografien konnte tatsächlich ein sehr konkretes Gesamtbild des disparaten Istzustands von Graz als gesellschaftlich gewordener Stadtraum erstellt werden. Die fotografische Aneinanderreihung der Haltestellenbilder ergab eine ins Überwirkliche[1] gesteigerte, extrem komprimierte Gesamtanmutung des Grazer Stadtraums. Es war frappierend, in der verdichteten Abfolge von Haltestellenfotos von Buslinien, wie Bus 31 oder 39, die Graz diagonal durchlaufen, eine Stadt zu sehen, die städtebaulich geteilt und in weiten Teilen aus den Fugen ist – anscheinend ohne gegen den „sozial blinden" Markt gerichtete Ordnungsvorstellungen.

Die Aufgabe der Fotografin Franziska Schurig bestand darin, möglichst lakonische, neutral-dokumentarische Aufnahmen ohne „interessante" Perspektiven, ironische „Pointen" und „kritische" Kontextuierungen einer quasi *photographie parlande*[2] zu erstellen. Damit sollte die Basis gelegt werden für eine theoretisch fundierte „Auslegung" (so der Arbeitstitel des Gesamtprojekts) dieses durchaus repräsentativen Bilder-Samples[3] über den aktuellen Zustand der Stadt aus städtebaulicher, kultur- bzw. raumanthropologischer und stadtsoziologischer Sicht. Und auch auf den im Vergleich zu den „Probefotos" viel weniger subjektiven, finalen Ausstellungsfotografien von Franziska Schurig sieht man oft nur rohe Zwecke ohne stadträumliche Fassung. Wo finden sich außerhalb der linksseitigen Innenstadtbezirke Beispiele von stadtbürgerlicher Identitätsvorstellung und Verantwortungsgefühl zum Gesamtnutzen von Graz? Vergeblich sucht man nach urbanistischen Ansätzen einer „Poetik des Ganzen" als Transzendierung mechanischer Zweckmäßigkeit. Vergeblich progressives Ortsbewusstsein:

Wo gibt es in den Bezirken, die 1938 Graz zugeschlagen wurden, ein Verständnis des städtischen Raums als Möglichkeitssphäre? Und wo beginnt Calvinos „Hölle der Lebenden"[4] im Sinne von Nicht-Gesellschaft?

Im Workshop „Stadtauslegung"[5] gab es viele Einwände gegen die Methode der Ausstellung, die übliche Erfahrung des Stadtraumes über Bewegung in den Fotografien stillzustellen und somit den Blick auf das optisch Unbewusste freizulegen: Die Fotos würden die Verkehrsflächen überbetonen, es seien kaum Menschen auf den Bildern zu sehen. Die Fotografien blieben „fremd", weil man sie subjektiv so nie aufnehmen würde, weil nichts zu sehen wäre, womit man sich identifizieren kann; die historische bauliche Qualität von Graz käme in den Fotos zu kurz; die Summe der Fotos wäre so kritisch, dass sie die Grazer Bevölkerung verschrecken könnte, weil bestimmte Gegenden abgewertet würden, in denen sich Menschen aber wohlfühlen. Auch wurde darauf hingewiesen, dass die fotografische Methode natürlich nur einen bestimmten, schmalen Ausschnitt der Stadt zeige und dass in den Köpfen der Menschen ein anderes Bild der Stadt herrsche als auf den Fotos zu sehen ist.

Lügen die Graz-Fotografien von Franziska Schurig also, obwohl sie alles streng erfüllen, was man von einer neutral-dokumentarischen Fotografie der Stadttopografie erwarten darf? Jede subjektive Attitüde polemischer oder affirmativer Art ist in ihnen vermieden. Es gibt keine Unter- oder Aufsichten, keine Schrägsicht oder starke Kontrastierung, keine verzeichnenden Schatten. Die stadttopografisch sehr erfahrene Franziska Schurig[6] vermeidet jede individualistische Sichtweise oder „künstlerische" Subjektivität, die das Atmosphärische oder Enigmatische des städtischen Raumes betonen würde.

Lügen die Fotografien der Ausstellung und dieses Buches, obwohl sie sich jeden Kommentars enthalten und nur zeigen, was ist, obwohl sie nur die Stadt mit ihren Straßen, Häusern und Quartieren in ihren vielen Einzelheiten und Widersprüchen zu den Betrachterinnen und Betrachtern sprechen lassen? In ihrer Stillstellung sind Schurigs Fotografien – im Gegensatz zur Wahrnehmung des Autofahrers oder der Autofahrerin – ein überreiches Angebot, die „Story of Graz" ruhig und genau zu lesen als skeptische Landschaften,[7] aber naturgemäß nicht naiv. Nach Baudrillards Diktum, dass alle Tatsächlichkeit Künstlichkeit ist, kann jede dokumentarische Arbeit demgemäß eine Fiktion ihrer Autorin oder ihres Autors mit starken Verbindungslinien zur Wirklichkeit genannt werden.

Einer der fotografischen Ahnherren der stadttopografischen Fotografie, Lewis Baltz,[8] behauptete einmal, dass Fotografie ein schmaler, aber tiefer Bereich ist, der zwischen Kino und Roman liegt. Aber auch: „The ideal photographic document would appear to be without author or art."⁹ Diese stilistische Anonymität, diese rigorose Reinheit ist das Credo der gewählten stadttopografischen¹⁰ Dokumentationsmethode, mit der Graz fotografisch vermessen wurde. Man spricht bei Stadtdokumentationen dieser Art auch von *passive framing*, einer nicht interpretierenden Rahmung, die sich um eine real existierende Szenerie legt und damit ein lakonisches Foto ohne Urteil oder Meinung oder künstlerische Expression erzeugt.

Die Fotografin Franziska Schurig nutzt die durch nichts verstellte Durchsichtigkeit der Fotografie, die luzide Integrität des optisch-chemischen (heute optisch-elektronischen), lichtschreibenden Abbildungsverfahrens, seine Klarheit der Wiedergabe: die Luzidität ihres Mediums. Luzid ist eine Fotografie dann, wenn die subjektive und objektive „Bildgestaltung" in den Hintergrund tritt und die Wirklichkeit in das Medium ungestaltet und durchaus auch von Zufälligkeiten „verunreinigt" eintreten kann.¹¹ Aber auch die in der Eigenart des Mediums Fotografie aufgehobene „unnachahmliche Treue" des Abbildungsverfahrens kann bei aller Lakonie manchmal Zwischentöne von feiner bis schneidender Ironie oder bitterem Sarkasmus nicht verhindern, die bei abgebildeten Realsatiren unvermeidlich sind. Diese können sich in der fotografischen Darstellung mancher drohender Hochhaus-Wohnbauten und in eine Richtung sechsspuriger Stadtautobahnen absichtslos durchaus zu höchst signifikanten Metaphern steigern, weil sich in Franziska Schurigs „skeptischen Landschaften"¹² das pure Wirken der ökonomischen Kräfte trotz ihrer vielfachen Maskierung doch als ungeschminkt erweist.

1 Auf das paradoxe Wesen der Fotografie weist auch Roland Barthes nachdrücklich hin, auf ihre „wirkliche Unwirklichkeit". „Die bewußte Reaktion, die eine Fotografie auslöst, hat in der Geschichte kein Vorbild. Die Fotografie erzeugt nicht das Bewußtsein des Daseins des Gegenstands (den eine Kopie auslösen könnte), sondern des Dagewesenseins. Wir stoßen hier auf eine neue Kategorie des Raum-Zeit-Verhältnisses: räumliche Präsenz bei zeitlicher Vergangenheit, eine unlogische Verbindung des Hier und Jetzt mit dem Da und Damals." Aus: Roland Barthes, „Rhetorik des Bildes", in: Communications 4, 1964, zit. nach: Wolfgang Kemp (Hrsg.), Theorie der Fotografie, 4 Bde., Bd. 3, 1945–1980, München: Schirmer-Mosel, 1983, S. 144.
2 Begriff analog zu *architecture parlante* als radikaler Funktionalismus, um den Zweck eines Gebäudes buchstäblich und überdeutlich als „sprechende Form" auszudrücken.
3 Kritische Einwände gegen die Repräsentativität des Samples bei Bernhard Inninger, S. 378–381, und Jens S. Dangschat, S. 394–397, in diesem Buch.
4 Vgl. den Text Otto Hochreiter, „Im Meer der Objektivität. Italo Calvino und Graz", in diesem Buch, S. 402–405, sowie die Calvino-Zitate, die im Bildteil zwischengeschaltet sind.
5 Mit Expertinnen und Experten aus Stadtsoziologie, Urbanistik, Kulturanthropologie und Architektur: Markus Bogensberger, Jens S. Dangschat, Johannes Fiedler, Bernhard Inninger, Rudolf Kohoutek, Judith Laister, Heinz Rosmann, Dieter Spath, Thomas Weninger und Alexandra Würz-Stalder.

6   Die Diplomarbeit „Bucht" von Franziska Schurig thematisiert den Ballungsraum Leipzig-Halle.
7   So hat beispielsweise Ludger Derenthal in „Ansicht Aussicht Einsicht" (zit. nach: Monika Steinhauser, „Architekturphotographie als Bild", in: dies. [Hrsg.], Ansicht Aussicht Einsicht. Andreas Gursky, Candida Höfer, Axel Hütte, Thomas Ruff, Thomas Struth. Architekturphotographie [Ausstellungskatalog, Museum Bochum], Düsseldorf: Richter, 2000, S. 7–18) mit Blick auf Gursky, Ruff, Struth u. a. von „skeptischer Architekturphotographie" geschrieben, wohl in Anlehnung an Gus Blaisdells Begriff der „skeptischen Landschaften", mit dem dieser die Arbeiten Lewis Baltz' bezeichnet hatte (Gus Blaisdell, „Skeptical Landscapes", in: ders., Lewis Baltz, Park City, Albuquerque u.a.: Artspace Press u.a., 1980, S. 219–245).
8   Mit Robert Adams, Bernd und Hilla Becher, Joe Deal, Stephen Shore, Henry Wessel Jr. und anderen 1975 in der bahnbrechenden Ausstellung „New Topographics: Photographs of a Man-Altered Landscape" am George Eastman House, Rochester, New York, vertreten.
9   International Museum of Photography at George Eastman House, New Topographics. Photographs of a Man-Altered Landscape (Ausstellungskatalog, George Eastman House, Rochester, NY), Rochester, NY, 1975, S. 6.
10 Topografie im Sinne von sehr genauer, akkurater und nachvollziehbarer Beschreibung bestimmter Orte, Städte, Länder.
11 Vgl. Otto Hochreiter, Bauten, Blicke. Europäische Architekturfotografien in österreichischen Sammlungen (Ausstellungskatalog, Österreichisches Fotoarchiv im Museum moderner Kunst, Schriftenreihe des Österreichischen Fotoarchivs, 5), Wien 1988; ders., Kritische Architekturfotografie. 1839 bis 2009. Formen fotografischer Interpretationen von Gebäuden und Stadtraum, Donau-Universität Krems: Masterthese Department für Bildwissenschaften, 2010.
12 Wie Anm. 7.

„Schau Graz! 426 Standpunkte zur Situation der Stadt" – stadtsoziologisch betrachtet
Jens S. Dangschat

Graz ist die Hauptstadt des Bundeslandes Steiermark, und Graz ist auch – mit deutlichem Abstand zu Wien – mit 289.440 Einwohnerinnen und Einwohnern (1.1.2018) die zweitgrößte Stadt Österreichs. Zweiter zu sein, ist häufig die Ursache ambivalenter Identifikation: Zweitgrößte Stadt zu sein, ist ja nicht schlecht, insbesondere, wenn man Wien als Vorort der eigenen Stadt oder als „weit weg" begreift. Zweite zu sein, bedeutet aber immer auch, den Abstand zur ersten zu spüren und Aspekte zu finden, bei denen man dennoch „Spitze" ist. In dem Zusammenhang wird vor allem der Schlossberg mit dem Uhrturm genannt, die mittelalterliche Altstadt mit den schmalen Gassen, den Gebäuden im Renaissance- und Barockstil rund um den Hauptplatz. Danach folgen das Schloss Eggenberg, der Dom und der Landhaushof. Bei der Murinsel und vor allem beim Kunsthaus scheiden sich noch immer die Geister – dennoch werden beide den Besucherinnen und Besuchern gerne gezeigt.

Das Sonntags- und das Alltagsgesicht von Graz

In „Schau Graz!" fehlen aber Bilder dieser Orte der Identifikation der Grazer/-innen mit ihrer Stadt. In den 426 Standpunkten liegt der Fokus überwiegend auf den Straßenräumen. Dieses „Alltagsgesicht" von Graz lässt die Betrachtenden jedoch etwas ratlos zurück: In den gezeigten Fotos ist die Stadt fast gesichtslos, austauschbar, anonym – außer für jene, die „ihren Ort" oder zumindest eine Straßenecke auf dem einen oder anderen Foto wiedererkennen. Doch diejenigen, die wenig von „ihrem Graz" in den Fotos wiederfinden, bleiben wahrscheinlich vor dem Hintergrund der gezeigten Standpunkte etwas verwundert zurück: Ist das wirklich „mein Graz"? Woran liegt das? Zu dem Stolz auf die eigene Stadt gehört, sich mit dem „Sonntagsgesicht" der eigenen Stadt identifizieren zu können. Wichtig für die Identifikation mit der eigenen Stadt ist aber auch das eigene Grätzel, das aber nur in Ausnahmefällen gezeigt wird. Einige Sozialwissenschaftler/-innen vermuten, dass in Zeiten der Globalisierung, aufkommender Digitalisierung und anderen Bereichen zunehmender Verunsicherungen (über die eigene berufliche Zukunft und die der Kinder, die Rente, die Umwelt und das Klima, die Zuwanderung und den gesellschaftlichen Zusammenhalt etc.) das unmittelbare Wohnumfeld als Ort der Identifikation immer bedeutsamer wird.

Die Aufgabe hinter diesem Abbild der Stadt Graz war es, diese „objektiv" abzubilden und mit den subjektiven Bildern der Betrachtenden in ein Spannungsverhältnis zu setzen. Dazu hat man sich zunutze gemacht, dass der öffentliche Nahverkehr die wesentlichen Siedlungsgebiete verbindet und damit die „Nervenbahnen der Stadt" bildet. An jeder Station zeige sich ein anderes Graz, und in der Summe könne daraus eine objektive Collage der Stadt gefertigt werden.

Soweit die künstlerische Idee. Aber bildet dieser Zugang die Stadt hinsichtlich ihrer städtebaulichen, architektonischen und sozialen Differenzierung wirklich ab? Kann man aus den Fotos nachvollziehen, dass man gerne in Graz lebt, sich dort wohlfühlt und sich letztlich mit dem Ort identifiziert? Zum einen bleiben die „guten" Wohngebiete unterbelichtet, weil hier der öffentliche Nahverkehr „dünner" ist – die eher zurückgezogenen Gebiete liegen eben zwischen den Verkehrsachsen. Zudem wird eine gewisse Austauschbarkeit der Fotos durch die verkehrliche Situation der Haltestellen erzeugt – meist an mehr oder weniger wichtigen Straßenkreuzungen, an denen auch die jeweils typischen anderen Nutzungen zu finden sind. Deshalb stehen Straßen und Autos oft im Vordergrund und dominieren die Fotos, zumindest in der unteren Hälfte und entlang von Perspektiven. Aber: Ist Graz nicht wirklich eine so „autogerechte Stadt"? Graz war im Jahr 2014 mit 473 zugelassenen Pkw pro 1.000 Einwohnerinnen und Einwohnern hinsichtlich des Motorisierungsgrades viertbeste aller Bezirkshauptstädte hinter Wien (387 Pkw/1.000 E), Innsbruck (444 Pkw/1.000 E) und Bregenz (469 Pkw/1.000 E).[1] Hinsichtlich der Berufspendlerquote lag Graz mit 68 % Ein- und 26 % Auspendelnden aller Erwerbstätigen im Jahr 2013 an vorletzter Stelle vor Wien (34 % Ein- und 11 % Auspendelnde) – deutlich höher liegen St. Pölten (138 %, 33 %) und Linz (121 %, 30 %).[2]

Zudem scheinen auf den Fotos die Straßen meist fast menschenleer – auch das wird durch die Regeln der Aufnahmen zumindest mitbestimmt. Nachdem man sich an der jeweiligen Haltestelle als „Fremde/-r" orientiert hat, welche Aufnahmen am besten zu machen sind, sind die meisten der Passagiere schon nicht mehr im Vordergrund und die zuvor Wartenden in jedem Fall schon fort. Die Haltestelle selbst ist zudem kaum einmal der Ort der eigenen Identifikation, sondern meist Ausgangspunkt des Weges nach Hause. So bleiben die eigentlichen Ziele, d.h. die Orte der Identifikation, im Hintergrund; sie bleiben klein und unbedeutend und sind in ihrer Differenzierung oft nur schwierig auszumachen. Die eigene Straße, der Vorgarten, der Eingangsbereich, die nächste Ecke mit Greißler oder Beisl bleiben dabei außen vor. Das „kleine Glück" ist eben der Blumenstock auf dem Fensterbrett, die nach Jahreszeiten gestaltete Haustür oder eben der Gartenzwerg im Vorgarten und das Auto im Carport.

Das „Dazwischen" – kein städtebaulicher Höhepunkt

Es wird mit den Fotografien in „Schau Graz!" also vor allem das „Dazwischen" zwischen den offiziellen Höhepunkten auf der einen Seite und dem Vertrauten der eigenen Wohnumgebung von Graz auf der anderen Seite hervorgehoben. Die Bilder zeigen die Stadt Graz, kein Zweifel, und sie sind das Ergebnis eines Versuches, ein „objektives Bild" von Graz zu zeichnen. Es bildet für die Besucher/-innen aber nur in Ausnahmefällen die eigenen Bezugspunkte und die vertrauten Orte der Identifikation ab. Das so abgebildete Graz mag dadurch für viele Grazer/-innen fremd bleiben und vielleicht auch eine Provokation sein.

Mit einem Blick von außen fällt die städtebauliche Austauschbarkeit, die eine oder andere Bausünde der 1970er-, 1980er- und 1990er-Jahre und oftmals auch Eintönigkeit auf den Fotos ins Auge – überwiegend keine auf den ersten Blick werbewirksamen Ausschnitte. Zudem sieht es auf vielen Bildern nicht nach „Stadt" aus, sondern nach einer eingemeindeten vorstädtischen und ländlichen Struktur, also nach einem „Dazwischen" zwischen Groß- und Kleinstadt. Aus dem Blick eines mit Graz nicht Vertrauten könnten die meisten der abgebildeten Szenen auch aus Amstetten, Eisenstadt, Wels oder Villach stammen.

Kein Abbild einer sozialräumlichen Ausdifferenzierung

Graz ist nach langer Stagnation – gemessen an der Einwohner/-innenzahl – seit der Jahrtausendwende eine der am schnellsten wachsenden Städte Österreichs (Bevölkerungszuwachs zwischen den Jahren 2006 und 2016 14,4 %) – das ist unter den Landeshauptstädten der zweitstärkste Zuwachs nach Eisenstadt (16,9 %), noch vor Innsbruck (13,3 %) und Wien (11,4 %). Wachstum bedeutet nicht nur ein „Mehr vom Gleichen", sondern forciert auch die gesellschaftliche Ausdifferenzierung nach ökonomischen (Einkommen und Vermögen), demografischen (Alter, Geschlecht, Haushaltsform, Nationalität, Ethnie) und kulturellen Kategorien (Lebensstil, soziales Milieu).

In Großstädten schlägt sich diese Ausdifferenzierung auch in einem räumlichen Sortierungsprozess über den Wohnungsmarkt und hinsichtlich der Nutzung des öffentlichen Raumes als Segregation nieder. Davon ist in den Bildern der Ausstellung jedoch wenig zu sehen. Zum einen ist man zu weit weg vom sozialen Geschehen (das im Hintergrund der Fotos verbleibt), zum anderen zeigt sich in der Regel das soziale Leben einer Stadt eher abgeschirmt in der „zweiten Reihe" hinter den Hauptverkehrsstraßen, in denen der öffentliche Verkehr unterwegs ist – dort wurden aber keine Fotos aufgenommen.

Die geringe Aussage über die sozialräumliche Differenzierung in Graz mag ebenfalls dazu beitragen, dass die Bilder offensichtlich so wenig von der Charakteristik der Stadt widerzuspiegeln scheinen. Es fehlt das „Leben", das hinter dem Abbild von Autos, der Straßen und der üblichen (und austauschbaren) Gebäude entlang der Straßen ausgeblendet bleibt. Und doch ist es „ein Graz", das abgebildet wurde und das zum Nachdenken anregt, weil von Menschen das „Dazwischen" oft nur durcheilt wird, dem – oft in Routinen – kaum ein Blick geschenkt wird und wo man nicht verweilt, außer man wartet auf den Bus oder die Bim.

„Schau Graz!" zeigt aber auch, dass eine städtebauliche Handschrift, eine ordnende Planung in weiten Teilen der Stadt vermisst wird. Hinter den medialen Auftritten, in denen die Stadt ausschließlich ihr Sonntagsgesicht zeigt, fehlen in diesen Zwischenräumen Angebote an die Bewohner/-innen, sich mit „diesem Graz" identifizieren zu können. Das sollte/könnte für die räumliche Planung in der Stadt eine Herausforderung für die kommenden Jahre sein.

1 Österreichischer Städtebund (Hrsg.), Österreichs Städte in Zahlen 2015, Wien 2016, S. 99.
2 Ebd.

Heute gehe ich einen anderen Weg!
Marion Alexandra Würz-Stalder

Protokoll eines Spaziergangs durch die Stadt Graz am Weg von meinem Büro in der Alten Poststraße, Eggenberg, nach Hause, Humboldtstraße, Geidorf.

Ein Märztag mitten in der Arbeitswoche: 18:00 Uhr und es schneit. Ich will nicht wie vorgesehen mit dem Fahrrad fahren – keine Lust auf Rutschpartie –, ich möchte mich nach acht Stunden vorwiegend sitzender Tätigkeit etwas bewegen. Ich entscheide mich, zu Fuß zu gehen. Beim Gehen will ich ein wenig abschalten. Ich bin eingeladen, einen Artikel zur Ausstellung „Schau Graz!" zu verfassen, da eignet sich der Fußweg gut zum Nachdenken.

Ich verlasse das Gebäude am Gelände der Fachhochschule und will zuerst mein Fahrrad wettergeschützt verstauen. Ich zwänge mich durch Fahrräder, die am Fahrradständer befestigt sind, und öffne mit Mühe das Fahrradschloss. Während ich mein Fahrrad zu einem Hinterhofbereich schiebe, denke ich an die innovativen Entwürfe zu Fahrradständern, welche meine Studierenden in der Lehrveranstaltung entwickelt haben. Wir wollten diese der Hausverwaltung präsentieren, doch es kam kein passender Termin zustande und mittlerweile sind die Studierenden schon Absolventinnen und Absolventen.

Vorsichtig nähere ich mich dem Fußgängerübergang und trete dabei bewusst flach auf, denn der Fußweg ist noch nicht geräumt. Am ungeregelten Zebrastreifen schlängle ich mich vor dem dort platzierten Pkw vorbei, welcher in der Kolonne auf die nächste Grünphase der etwa 30 Meter weiter liegenden Ampel wartet. Mag sein, dass der Schutzweg aufgrund des nicht geräumten Schnees schlecht zu erkennen ist – häufig genug geschieht dies aber auch ohne Schnee und trotz des Hinweisschildes. Der ungerührte Blick des Fahrers trifft mich. Diesmal sage ich nichts und konzentriere mich auf das Überqueren der gegenläufigen Spur, ein Danke nickend und rasch – ich will ja nicht den Verkehrsfluss demonstrativ aufhalten.

Während ich auf die Kreuzung mit der öffentlichen Haltestelle zugehe, kommt mir der Gedanke, doch die Straßenbahn und dann den Bus zu nehmen. Bei normalen Wetterverhältnissen und günstiger Taktung sind es nur 15 Minuten von Haltestelle zu Haltestelle. Mit dem Fahrrad bin ich nur wenig schneller. Ich werfe einen Blick auf die Haltestelle, sehe eine Traube von Menschen und gehe weiter. An der Kreuzung angekommen, überlege ich, welche Route ich nehme.

In Blickrichtung zur Stadt liegt die gewaltig breite Eggenberger Straße vor mir, die Hauptverkehrsachse zwischen der Vorstadt Eggenberg und dem Stadtzentrum: Auf diesem Verkehrsstück aus Asphalt, Beton und wenig ansprechenden Fassadenwänden bewegen sich Straßenbahn, Autoverkehr, Fußgänger/-innen und Radfahrer/-innen. Täglich radle ich auf dieser Achse, mit den Passantinnen und Passanten eine Spur teilend, zwinge diese mit Geklingel in den Gänsemarsch die Wand entlang, weiche mächtigen Pylonen aus, bremse heftig an den Engstellen in Kreuzungsbereichen. Ich stelle mir vor, wie lange ich als Fußgängerin dem ohrenbetäubenden Verkehrsrauschen in der Bahnunterführung ausgesetzt bin und denke auch daran, mit wie viel Schwung ich als Radlerin bergab fahre. Nicht jedes Rad ist mit hochwirksamen Scheibenbremsen ausgestattet. Mir fällt ein, dass sich der Fußgänger/-innenanteil in Graz von 1982 bis 2013 von 31 % auf 18,9 % verringert hat.[1] Angesichts solcher Situationen verwundert es mich nicht. Eine Bewohnerin von Kopenhagen, dem Vorbild für nachhaltige Stadtentwicklung, erklärte mir eindringlich, dass ich in Kopenhagen auf keinen Fall mit dem Fahrrad die Fußwege benützen dürfe!

Ich denke an die Fotos der Ausstellung „Schau Graz!". Sie zeigen alle diese Verkehrsadern von Graz, die die Stadtteile erschließen und miteinander verbinden – Straßen, in denen der öffentliche Verkehr geführt wird. Haben diese Straßen als öffentlicher Verkehrsraum nicht besondere Bedeutung? Ist es nicht die Aufgabe des öffentlichen Raumes, der Gesamtheit der Öffentlichkeit, also allen Bevölkerungsgruppen und damit allen Verkehrsteilnehmerinnen und -teilnehmern zur Verfügung zu stehen? Die Fotos zeigen, dass die Gestaltung der Verkehrsräume deutlich auf die Anforderungen des motorisierten Kraftfahrverkehrs konzentriert ist, das Radfahren und das Zufußgehen werden mit den notwendigsten Gestaltungsmerkmalen bedacht und oftmals überlagert. Ist also Graz eine hoch motorisierte „Autostadt"?

Abrupt werde ich aus meinen Gedanken gerissen. Schneematsch spritzt, trifft mich aber nicht, der Baum neben mir schützt mich – war wohl ein Zufall. Fließverkehr, Links- und Rechtsabbiegerinnen und -abbieger, die Ampel schaltet auf Grün. Ich treffe die Entscheidung, dem Straßenverkehr so gut wie möglich auszuweichen und überquere die Straße.

Ich gehe die Alte Poststraße entlang. Eine Abfolge sehr unterschiedlicher Gebäude bildet ihre Fassaden, der Verkehrsstrom und der Lärm, den er erzeugt, sind das stärkste Kontinuum in dieser Straße. Bei der ersten Möglichkeit zweige ich ab. Schon nach wenigen Schritten wird mir klar, dass hier der städtische Charakter des vom Verkehr geprägten Stadtraumes dem einer Zwischenzone von

Stadt und Land weicht, in der die räumlichen Merkmale ohne kontextuellen Bezug aufeinandertreffen. 100 Schritte weiter bewege ich mich zwischen Schrebergartensiedlungen, in denen sich die Gehsteige in der Straßenebene auflösen. Ein Blick nach Norden zeigt hoch aufragende Wohntürme und mahnt an die Vorstöße der Stadtentwicklung in den 1960er-Jahren: Wohnungen stapeln sich in luftige Höhen inmitten einer Landschaft von Grünanlagen und großzügig angelegten Verkehrswegen – der Pkw wurde zum fixen Bestandteil der Stadtentwicklung und erreicht auch die alternativen Einfamilienhaussiedlungen. An dieser Schwelle von Stadt, Land und ehemaliger Industrievorstadt entsteht ein Smart-City-Stadtteil. Die Hoffnung ist groß, dass sich hier tatsächlich ein Stück innovative, intelligente Stadt mit lebendigem Stadtraum entwickelt.

Mein Weg führt mich am Wasserturm vorbei zur Bahnunterführung für Fußgeher/-innen am Hauptbahnhof. Seit der letzten Abzweigung bin ich niemandem begegnet. Ich tauche ab und plötzlich finde ich mich in einem dichten Strom von Menschen. Sie bewegen sich zügig von und zu den Bahnsteigen, vorbei an Läden, Imbissstuben, Wartenden. Bin ich jetzt wieder in der „Stadt" angekommen?

Über die Arena des Bahnhofsvorplatzes gehe ich auf die nächste Unterführung zu und tauche abermals ein. Ein krasser Unterschied: Ich gehe die verlassenen Hüllen vergangener Shopping-Welten entlang und höre den Widerhall meiner Schritte in der Leere der Annenpassage. Wieder fällt mir ein Studierendenprojekt ein: Das „Einkaufszentrum für Radfahrer/-innen", in dem die Radwege direkt in die Passage geführt werden und die Radfahrenden an den Läden mit durchgehenden Fahrradständern entlangfahren. Im mittig gelegenen Atrium schweben die Besucher/-innen in Kabinen eines eingebauten Riesenrades in die oberen Etagen des Einkaufszentrums. Das Fahrrad nehmen sie natürlich mit. Tolle Idee!

Ich will nun endgültig die üblichen Verkehrswege verlassen und finde tatsächlich einen Weg, der mich weitgehend durch Parkanlagen führt. Ich genieße die Dämpfung der Geräuschkulisse und den Geruch von Schnee. Unter den wenigen Vorübergehenden, denen ich begegne, sind auch junge Männer, die sich mit Schneebällen bewerfen. Es hat den Anschein, dass sie dieses Spiel gerade neu erfinden. So, als wäre dies ihr „erster Schnee".

Ich befinde mich mittlerweile in der Innenstadt mit dem klar gefassten Straßenraum der Blockrandbebauung, der in unseren Köpfen die Idee formt, „in" der Stadt zu sein. Selbst in diesem dichten Stadtteil führt mein Weg durch einen Garten. Es ist der Hinterhof des Minoritenklosters und es gibt hier noch einige Obstbäume und Gartenbeete, die noch nicht den „notwendigen" Parkplatzflächen zum Opfer gefallen sind. Ich denke an die Veröffentlichung der Landnutzungskartierung von 1945–2015, eine „reale Abbildung der Stadtentwicklung Graz". In diesem kostenfrei erhältlichen Buch lässt sich nachvollziehen, wie Parkplatzflächen, Straßenbauten, Gewerbe-, Wohn- und Eigenheimbauten die Stadtfläche zunehmend erobern und den Boden versiegeln. Dies geht verständlicherweise auf Kosten von Grünflächen, Streuobstwiesen, Alleen und Hecken. Sportflächen, Parkanlagen und Waldflächen hingegen sind erfreulicherweise gewachsen.[2]

Mein Weg führt nun mitten durch die Altstadt von Graz, und ich schlendere durch die Fußgängerzone. Ich genieße es, mich im Straßenraum frei zu bewegen, d.h. nicht bei jedem Schritt aufpassen zu müssen, ob ich mich wohl auf dem geschützten Fußweg befinde oder jemandem im Weg bin.

Mein Weg bietet viele Highlights: Die Überquerung der Mur am Mursteg, der Blick auf die Altstadt, die eine oder andere historische Fassade, die uns Baugeschichten erzählen. Nach knapp 50 Minuten abwechslungsreichen Fußwegs erreiche ich mein Wohnhaus. Ich bin rund 3,6 Kilometer gegangen und fühle mich entspannt. Das Gehen hat mir gutgetan. Expertinnen und Experten meinen, dass der tägliche Fußweg von zwanzig Minuten bereits einen positiven Effekt auf die Gesundheit hat. Zwanzig Minuten Gehen entspricht der Weglänge von ca. 1,6 Kilometern. Ob das den Grazerinnen und Grazern bewusst ist?

Ich stelle fest: Graz könnte die ideale Stadt für Fußgeher/-innen sein! Vor allem, wenn sie andere Wege gehen.

1 Entwicklung des Modal Split in Graz 1982–2013: Graz, Mobilitätsverhalten, Mobilitätserhebung der Wohnbevölkerung 2013, Verkehrsmittelaufteilung – Modal Split, www.graz.at/cms/beitrag/10192604/8032890/Mobilitaetsverhalten.htmlwww.graz.at (Zugriff 21.4.2018).
2 Wolfgang Sulzer, „Dokumentation der Stadtentwicklung von Graz", in: ders., Stadt Graz – Stadtvermessung, Stadtplanung (Hrsg.), Reale Abbildung der Stadtentwicklung Graz. Landnutzungskartierung 1945–2015, Graz 2016, S. 74.

Im Meer der Objektivität
Italo Calvino und Graz
Otto Hochreiter

„Nach einer Kultur, die auf der Wechselbeziehung und dem Kontrast zweier Pole beruhte – einerseits dem persönlichen Bewusstsein, Willen und Urteil, andererseits der Welt der Objekte – sind wir dabei, in eine Phase einzutreten (falls der Schritt nicht bereits vollzogen ist), in welcher der eine Pol vom Meer der Objektivität, vom ununterbrochenen Strom des Seienden überschwemmt wird …"

Italo Calvino[1]

In der Ausstellung „Schau Graz! 426 Standpunkte zur Situation der Stadt" und in diesem Katalogbuch haben sich auf scheinbar rätselhafte Weise Prosagedichten ähnliche Passagen aus *Die unsichtbaren Städte*[2] von Italo Calvino eingefügt. Sie sind als geistige Ruhepunkte inmitten Hunderter Graz-Fotografien gedacht, als indirekte poetische Kommentare und auch als Erinnerung an die Ausstellung „Die Hölle der Lebenden. Hommage à Italo Calvino"[3], die 2016 in ebendiesen Räumen des GrazMuseums stattgefunden hat. Die 55 gleichermaßen fantastischen wie minutiösen Stadt-Sinnbilder, die 11 Themenkreisen (wie „Die Städte und der Wunsch", „Die Städte und der Himmel" oder „Die Städte und die Augen") zugeordnet sind, bieten den Leserinnen und Lesern durch die strengen Regeln ihrer Anordnung offenes Material für Kombinationen und Interpretationen. Jede der imaginierten 55 Städte trägt den mythologischen, biblischen oder antiken Namen einer Frau. Calvinos Städtesinnbilder, aus denen für Ausstellung und Katalog sieben Zitate ausgewählt wurden, werden in Calvinos Buch eingerahmt von Dialogen zwischen Tataren-Kaiser Kublai Khan und dem Weltreisenden Marco Polo – der Kaiser um Ordnung und Rationalität bemüht, Marco Polo das subjektiv erlebende Individuum.

Die Ausstellung „Die Hölle der Lebenden", die auf jede Umsetzung in Bildhaftes völlig verzichtete, ging vom viel zitierten Ende der „città invisibili" aus. Denn die Nähe zu Dantes „Inferno" wird deutlicher, je mehr man in den 9 Zyklen (=Höllenkreisen) fortschreitet, und offenbart sich im allerletzten Dialog zwischen dem Kaiser und Marco Polo über jene Städte, die (im 13. Jahrhundert) „noch nicht entdeckt oder gegründet worden sind", jene Städte, „die in Alpträumen und Verwünschungen drohen". Während der Großkhan im Atlas dieser Städte blättert, sagt er: „Alles ist vergebens, wenn der letzte Anlegeplatz nur die Höllenstadt sein kann und die Strömung uns in einer immer engeren Spirale dort hinunterzieht." Darauf Polo: „Die Hölle der Lebenden ist nicht etwas, das erst noch kommen wird. Wenn es eine gibt, ist es die, die schon da ist, die Hölle, in der wir jeden Tag leben, die wir durch unser Zusammensein bilden." Calvino bezieht sich in seiner Höllen-Metaphorik wohl darauf, dass, je tiefer Dante mit seinem Führer Vergil durch die 9 Kreise des Infernos wandert, desto furchtbarer die Höllenstrafen sind. Der tiefste Schrecken des von Dante fantasierten Infernos ist die ewige Vereinzelung und die unendliche Wiederkehr der eigenen Vergangenheit. Die Angst des Kublai Khan ist die vor der Unentrinnbarkeit der infernalischen Abwärtsspirale, vor dem *circulus vitiosus*, dem Teufelskreis der Selbst- und Weltverlorenheit.

Dennoch sind die „città invisibili" keine schwarze Utopie: Calvinos Weg aus dem jeweils gegenwärtigen Inferno ist Marco Polos Rat, „zu suchen und erkennen zu lernen, wer und was inmitten der Hölle nicht Hölle ist, und ihm Dauer und Raum zu geben". Der Zweck von Marco Polos Erkundungen ist dieser: „Durch Untersuchung der noch erkennbaren Spuren von Glück ermesse ich dessen Mangel. Wenn du [Mongolenkaiser] wissen willst, wieviel Dunkel dich umgibt, mußt du deinen Blick auf die schwachen Lichter in der Ferne konzentrieren." Und einmal erzählt Marco Polo dem Kaiser von Raissa, einer traurigen, unglücklichen Stadt, die „in jeder Sekunde eine glückliche Stadt in sich birgt, die gar nicht weiß, dass sie existiert".

Der vor drei Jahrzehnten in Pisa verstorbene italienische Nachkriegsautor Italo Calvino[4] sprach über seine „città invisibili" als einem „letzten Liebesgedicht an die Stadt". Und tatsächlich: *Die unsichtbaren Städte* zählen zu den „klassischen" Texten zur modernen Stadt als menschengeschaffenem Organismus. *Die unsichtbaren Städte* handeln von den paradoxen Themen des Städtischen und damit vom menschlichen Zusammenleben. Dieser klassische Text zum Urbanen erzählt aber im pseudoorientalischen Märchenton und verborgen hinter komplexer Zahlenpoetik sehr viel von der Wirklichkeit der Städte als Bild einer Gesellschaft der 1960er-Jahre – genau jene Jahre, in denen in der ebenfalls alten europäischen Stadt Graz ohne geringste Weitsicht die Wende zur posteuropäischen Stadt initiiert wurde.

Was auch Calvinos Hauptthema ist und was die Bilder der Ausstellung und der vorliegenden Publikation zeigen, ist das Ergebnis einer nach 1945 einsetzenden Visions- und Strategielosigkeit einer sprunghaft verfünffachten Stadt wie Graz. Die Konsum- und Bürokratiestadt der 1960er-Jahre legt sich in ihrer mechanischen „Zweckmäßigkeit" einfach auf die alten rural-industriellen Strukturen, ohne diese zu integrieren oder auf sie zu antworten. Das Alte scheint in dieser Phase bei stadträumlichen Entscheidungen sehr selten Maßstab und Ansporn gewesen zu sein, sondern duckt sich geduldig wie ein Esel vor dem überdimensionierten Neuen. Calvinos Stadtsinnbilder sind letztlich ein sehr verschlüsseltes und poetisch überhöhtes Buch gegen die Bezugslosigkeit und das Fehlen der alten, selbstverständlich gelebten Ordnungsvorstellungen gewachsener europäischer Städte. Den Dante'schen Höllenkreisen nahe kommen Städte dann, wenn der lustvolle Bewegungsort Stadt nur mehr als unvermeidbare, trostlose Notwendigkeit zur Erfüllung von Zwecken empfunden wird, wenn das „Meer der Objektivität", der „ununterbrochene Strom des Seienden", das „persönliche Bewußtsein" überschwemmt. Wenn die alte europäische Stadt in der posteuropäischen Austauschbarkeit, Rücksichtslosigkeit und Ausgrenzungssucht ihren gesellschaftlichen Sinn verliert.

In Calvinos „unsichtbaren Städten" wird die Vielfalt der Vorstellungen, welche die Städte in uns auslösen, vorgeführt, wobei Inhalte unseres modernen Bewusstseins mit unseren alltäglichen Wahrnehmungen in Beziehung zu archetypischen Mustern und mythologischen Figuren gesetzt werden.[5] Pier Paolo Pasolini hat darauf hingewiesen, dass Calvino in den „città invisibili" nichts nur um der Erfindung willen erfindet. Vielmehr würde er den traumartigen Schock wirklicher Eindrücke analysieren und die getrennten, zerlegten Teile dieser Analyse würden dann „in eben die Leere und kosmische Stille zurückprojiziert, in der die Phantasie die Träume wieder zusammensetzt".[6] Die Passagen aus Italo Calvinos *Città invisibili* über unsichtbare Strukturen von Städten als Wechselgesang zwischen idealer und realer Stadt sind als fantastische Marginalien, als poetische Randnotizen zur minutiösen fotografischen Beschreibung einer Stadt gedacht, die mit ihrem Wirklichkeitsanspruch, in ihrer schockartigen Stillstellung des Istzustands von Graz in seiner Komplexität, Vieldeutigkeit und Widersprüchlichkeit wieder zu etwas Sinnhaftem, etwas Übergeordnetem zusammengedacht werden muss. „Die Wirklichkeit", sagte Calvino 1985 in einem Interview, „ist nicht lesbar, aber wir müssen gleichwohl versuchen, sie zu entziffern."[7]

1 „In einem seiner kulturkritischen Aufsätze", zit. nach: Martin Roda Becher, „Italo Calvino – Verführer durch Imagination", in: Merkur. Deutsche Zeitschrift für europäisches Denken, Nr. 369, 1979, S. 191–194, hier S. 192.
2 Italo Calvino, Le città invisibili, Torino: Einaudi, 1972; ders., Die unsichtbaren Städte. Roman, Deutsch von Heinz Riedt, München: Deutscher Taschenbuch Verlag, 1985; ders., Die unsichtbaren Städte, aus dem Italienischen von Burkhart Kroeber, Frankfurt am Main: Fischer TB, 2013.
3 Vom 7.4.–4.7.2016, kuratiert von Otto Hochreiter unter Mitarbeit von Annette Rainer und Christina Töpfer, Sprecher: Ernst Marianne Binder; Otto Hochreiter, „Die Hölle der Lebenden", in: ders., Christina Töpfer (Hrsg.), Ausstellungen für Graz 2011–2016. Eine Publikation des GrazMuseums, Graz 2017, S. 168–173.

4 Geboren 1923 auf Kuba, aufgewachsen in San Remo, war 1943 Partisan der Resistenza, lebte längere Zeit in Paris. Sein zunächst neorealistisches, später märchenhaft-fantastisches, irreal-groteskes Werk wurde in alle Weltsprachen übersetzt.
5 Vgl. auch: Mechthild Speicher, Die unsichtbaren Städte oder die Stadt als Idee. Analyse der Raumstrukturen in Italo Calvinos „Die unsichtbaren Städte", Studienarbeit, Universität des Saarlandes (Allgemeine und Vergleichende Literaturwissenschaft), 2003.
6 Pier Paolo Pasolini, Nachwort, „Die Wirklichkeit und die Welt der Idee. Die unsichtbaren Städte von Italo Calvino", in: Italo Calvino, Die unsichtbaren Städte, aus dem Italienischen von Burkhart Kroeber, Frankfurt am Main: Fischer TB, 2013, S. 176.
7 Zitiert nach: Volker Kapp (Hrsg.), Italienische Literaturgeschichte, Stuttgart u. a.: Metzler, 2007, S. 365.

Autorinnen und Autoren

Markus Bogensberger
(seit 2013 Geschäftsführer des HDA) hat an der Architekturfakultät der Technischen Universität Graz bei Prof. Joost Meuwissen diplomiert. Ab 2000 betrieb er zusammen mit Emilio Hauer das Architekturbüro Supernett. Von 2006 bis 2012 war er Universitätsassistent am Institut für Gebäudelehre der TU Graz. Seine Tätigkeit im Bereich der Architekturvermittlung begann im Jahr 1999 als Vorstandsmitglied des Kulturvereins ARGE Loft. Seit 2005 ist er als ehrenamtliches Mitglied des Vorstands für das Haus der Architektur aktiv.

Jens S. Dangschat
Emeritus, von Februar 1998 bis September 2016 Professor für Siedlungssoziologie und Demographie an der Technischen Universität Wien, Leiter des Fachbereichs „Soziologie" (ISRA) an der Fakultät für Architektur und Raumplanung. Zuvor Professor für Allgemeine Soziologie sowie Stadt- und Regionalsoziologie an der Universität Hamburg (1992–1998). Forschungsschwerpunkte: Stadt- und Raumsoziologie, soziale Ungleichheit und Segregation, Mobilitäts- und Energiekonsumforschung, Migration und Integration, Demographie, Raum- und Planungstheorie.

Sibylle Dienesch
war nach dem Studium der Betriebswirtschaftslehre in verschiedenen For-Profit-Unternehmen tätig. Seit 2006 ist sie Teil der Geschäftsführung der Stadtmuseum Graz GmbH und seit 2014 Vizedirektorin. Sie verantwortet alle operativen und kaufmännischen Belange des GrazMuseums sowie die kaufmännischen Agenden des Stadtarchivs Graz. Im Rahmen der strategischen Weiterentwicklung des GrazMuseums initiiert und steuert sie die kontinuierlichen Veränderungsprozesse hin zu einer inklusiven Institution und zu einem interkulturellen Bildungsort und ist für Vernetzung und Kooperationen verantwortlich. Inhaltliche Interessenschwerpunkte sind aktuelle soziokulturelle Entwicklungen in der Stadt Graz. Sie ist Ko-Kuratorin der Ausstellungen „Graz – Offene Stadt" (2014), „Mittendrin. Leben mit Beeinträchtigung" (2016), „Schau Graz! 426 Standpunkte zur Situation der Stadt" (2018).

Johannes Fiedler
ist Architekt und Stadtplaner in Graz. Im Rahmen des Büros fiedler.tornquist verwirklicht er seit 1994 zahlreiche Projekte im Stadtraum, in der Verkehrsinfrastruktur und im Wohnbau. Von 2008 bis 2011 war er zudem in der städtebaulichen Umsetzung des Projektes aspern Seestadt in Wien tätig. Seine internationale Tätigkeit umfasst Projekte der Entwicklungszusammenarbeit (Afrika, Nahost), mehrjährige Gastprofessuren (Deutschland, Äthiopien) sowie die Entwicklung von urbanen Seilbahnsystemen (Lateinamerika, Indien). Johannes Fiedler promovierte zum Thema Urbanisierung an der TU Graz und veröffentlicht regelmäßig zu Fragen der zeitgenössischen Stadt – öffentlicher Raum, Mobilität, post-fossile Transformation.

Otto Hochreiter
studierte in Innsbruck, ist Ausstellungskurator, Bildwissenschaftler und Publizist. Seit 2005 ist er Direktor des GrazMuseums (EMYA Nominee 2014). Vorstandstätigkeiten im Haus der Architektur Graz und bei ICOM Österreich. Seit 2017 Mitglied des Stiftungsrates der Österreichischen Ludwig-Stiftung. Hochreiter arbeitete in den 1980er-Jahren an der Galerie im Taxispalais, Innsbruck, und im Museum moderner Kunst / Museum des 20. Jahrhunderts, Wien, sowie als Ausstellungsleiter der Wiener Festwochen. Lehrtätigkeiten an der Universität Innsbruck, an der „Graphischen" in Wien, an der Donauuniversität Krems sowie an der Universität für angewandte Kunst Wien. Er ist Kurator zahlreicher Ausstellungen, zuletzt „Eyes on the City. Urbane Räume in der Gegenwartsfotografie" und „Die Hölle der Lebenden".

Bernhard Inninger
studierte Architektur an der TU Graz und an der University of Bath (UK), 2001 erhielt er das Diplom für Architektur. Er war mehrere Jahre Mitarbeiter in verschiedenen Architekturbüros in Graz. Von Dezember 2006 bis Oktober 2011 war Inninger im Stadtplanungsamt des Magistrats Graz als Referent für Flächenwidmungsplanung, Bebauungspläne, städtebauliche Gutachten, Wettbewerbsbetreuung und zuletzt als stellvertretender Abteilungsleiter tätig, darauf folgte eine rund einjährige Tätigkeit als Referent für die Baudirektion und Stadtplanung im Grazer Bürgermeisteramt, ehe er mit Dezember 2012 die Leitung der Grazer Stadtplanung übernahm. In seine bisherige Amtszeit fallen u. a. die Revisionen der strate-

gischen Planungsinstrumente Stadtentwicklungskonzept und Flächenwidmungsplan sowie ein verstärktes Engagement der Abteilung in der Gestaltung des öffentlichen Raumes.

Heinz Rosmann
hat das Studium der Architektur an der Technischen Hochschule in Graz absolviert, wo er am Institut für Städtebau und Entwerfen als Assistent mitarbeitete. Von 1984–2005 war er im Abteilungsvorstand des Stadtplanungsamtes des Magistrats Graz fachlich zuständig für Stadtentwicklungskonzepte und deren Sachprogramme, den Flächenwidmungsplan inklusive des Räumlichen Leitbildes, Bebauungspläne und -richtlinien, die Gestaltung der öffentlichen Platz- und Straßenräume sowie für das innerstädtische Beleuchtungskonzept. Seit 2005 ist Heinz Rosmann im Ruhestand und von 2006–2017 war er Lehrbeauftragter am Institut für Städtebau der TU Graz.

Franziska Schurig
absolvierte das Studium im Fachbereich Fotografie an der Hochschule für Grafik und Buchkunst in Leipzig. Auseinandersetzung mit urbanen Landschaften, der Promenadologie und dem Medium Fotografie als Mittel zur Konstruktion von Wirklichkeiten. Nach einem Volontariat bei Camera Austria in Graz und der freien Mitarbeit am FOTOHOF in Salzburg ist sie seit 2016 Ausstellungsassistentin am GrazMuseum.

Marion Alexandra Würz-Stalder
hat an der TU Graz Architektur studiert und nach Jahren der Praxis als Architekturschaffende ihre wissenschaftliche Tätigkeit am Institut für Gebäudelehre der TU Graz aufgenommen. Derzeit lehrt und forscht sie an der Fachhochschule FH-JOANNEUM Graz zu den Themen nachhaltiges Gebäudedesign und ressourcenschonende Stadtentwicklung. Sie leitet den Forschungsschwerpunkt Architektur und Stadtentwicklung am Institut für Bauplanung und Bauwirtschaft und ist Projektleiterin von multidisziplinären Forschungsprojekten zum Thema Ressourcenschonung in der Stadtteilentwicklung (Projekt ÖKOTOPIA). Mit ihren Studierenden entwickelt sie nachhaltige Designprojekte wie „Einkaufswelten der Zukunft", „multimodale Mobilitätsknoten", „Urban Gardening" und Cycling- und Walkability-Projekte.

Impressum

Die Publikation erscheint begleitend zu der Ausstellung: „Schau Graz! 426 Standpunkte zur Situation der Stadt" am GrazMuseum
Kuratiert von:
Otto Hochreiter und Sibylle Dienesch
Fotografien: Franziska Schurig
Ausstellungsgestaltung:
Martina Schiller & Rainer Stadlbauer
Ausstellungsdauer: 17.5.–10.9.2018

Herausgegeben von:
Otto Hochreiter und Sibylle Dienesch
Lektorat: Brigitte Ott
Katalogkonzept: Cin Cin / Vienna,
Martina Schiller & Rainer Stadlbauer
Kataloggestaltung: Cin Cin / Vienna
Lithografie: Pixelstorm Litho & Digital Imaging, Wien
Druck: Druckerei Theiss, St. Stefan im Lavanttal

© Fotografien bei Franziska Schurig und GrazMuseum; © Texte bei den Autorinnen und Autoren; Italo Calvino, Die unsichtbaren Städte, übersetzt aus dem Italienischen von Burkhart Kroeber © 2007 Carl Hanser Verlag GmbH & Co. KG, München

Bibliografische Information der Deutschen Nationalbibliothek: Die Deutsche Nationalbibliothek verzeichnet diese Publikation in der Deutschen Nationalbibliografie: detaillierte bibliografische Daten sind im Internet über http://dnb.d-nb.de abrufbar.

© 2018 Verlag Anton Pustet
Alle Rechte vorbehalten
5020 Salzburg, Bergstr. 12
www.pustet.at

ISBN 978-3-7025-0910-1